INGE PATSCH – VERTRAU AUF DEIN GEFÜHL

Inge Patsch

VERTRAU AUF DEIN GEFÜHL

Sich selbst und dem Leben Freund sein

Kösel

FSC
Mix
Produktgruppe aus vorbildlich
bewirtschafteten Wäldern und
anderen kontrollierten Herkünften

Zert.-Nr. SGS-COC-1940
www.fsc.org
© 1996 Forest Stewardship Council

Verlagsgruppe Random House FSC-DEU-0100
Das für dieses Buch verwendete FSC-zertifizierte Papier
München Super liefert Mochenwangen.

Umschlag: Elisabeth Petersen, München
Umschlagmotiv: LuckyPix, Masterfile, Düsseldorf
Zeichnung auf S. 75: Klaus Patsch
Druck und Bindung: GGP Media GmbH, Pößneck
Printed in Germany.
ISBN-10: 3-466-36724-7
ISBN-13: 978-3-466-36724-5

www.koesel.de

Inhalt

Einleitung

Worauf es ankommt,
ist nämlich tatsächlich nicht die Angst
oder was für Gefühle wir gerade haben mögen,
vielmehr einzig und allein,
wie wir zu ihnen Stellung nehmen,
also unsere Einstellung.

VIKTOR E. FRANKL

»Ich vertrau auf mein Gefühl!«
»Ich vertrau mir!«
»Ich vertrau dem Leben!«
»Hätte ich nur auf mein Gefühl gehört!«
Auf dem Weg zum Vertrauen in unser Gefühl helfen weder starre Regeln noch der Appell: »Vertrau dir!« Die Hürden, die sich dabei in den Weg stellen, sind vielfältig. Sie reichen von der Angst, nicht zu entsprechen, bis zu bedrückenden Schuldgefühlen. Auch der Appell »Du brauchst keine Angst zu haben!« bringt die Angst nicht zum Verschwinden. All das schwächt unser Selbstvertrauen und damit unsere Beziehungsfähigkeit.
In diesem Buch finden Sie einiges zu diesem Thema, das emotional sehr besetzt ist. Sie werden es beim Lesen spüren. Lassen Sie sich von Ihrer Stimmung leiten, denn ob der Zauber der Hoffnung Sie inspiriert oder die Grenzen des Verzeihens gerade Thema sind, Sie müssen das Buch

nicht von Anfang an gelesen haben, um verstehen zu können.
Inspiriert beim Schreiben haben mich viele Menschen – obwohl sie es gar nicht wissen. Am meisten jedoch Viktor E. Frankl, der Begründer der Logotherapie und Existenzanalyse, der so genannten dritten Wiener Richtung der Psychotherapie. Meine Begeisterung für seine Lehre ist in den vielen Jahren noch größer geworden. Beim Lesen in und Lernen aus seinen Büchern hatte ich einige »AHA-Erlebnisse«.
Liebe Leserinnen und liebe Leser, die Sie dieses Buch aufgeschlagen haben, um es zu lesen: Ich wünsche Ihnen befreiende »AHA-Erlebnisse«!
Allen anderen, die nur kurz in diesem Buch blättern und gerade hier gelandet sind, wünsche ich einen schönen Tag und viel Lebensfreude. Vergessen Sie nicht, wir alle haben schon einiges bewältigt und sollten uns gegenseitig vor allem aufmuntern.
Herzlichst

Inge Patsch

Von der Logik des Herzens

»Sich etwas zu Herzen nehmen.«
»Sein Herz ausschütten.«
»Wenn das Herz voll ist, geht der Mund über.«
Der Begriff *Herz* wird in diesen Redewendungen nicht nur biologisch verstanden. Biologisch messbar ist der Herzschlag: In der Minute ungefähr sechzig Mal. Sind wir verliebt oder umfängt uns Angst, schlägt es öfter. Was tatsächlich messbar ist, ist die höhere Herzfrequenz, nicht aber die Liebe. Weder Freude noch Liebe sind naturwissenschaftlich nachweisbar, und trotzdem spüren wir dieses Empfinden. Einige Menschen, die schon vor uns gelebt haben, haben über das Herz geschrieben, und es tut gut, dies zu lesen.

> Das Herz hat Gründe,
> die die Vernunft nicht kennt.
>
> BLAISE PASCAL (1623–1662)

> Man sieht nur mit dem Herzen gut,
> das Wesentliche ist für die Augen unsichtbar.
>
> ANTOINE DE ST. EXUPÉRY (1900–1944)

> Das Herz ist immer weitsichtiger
> als der Verstand scharfsinnig.
>
> VIKTOR E. FRANKL (1905–1997)

Die Logik des Herzens hat eine eigene, meistens sehr leise Sprache. Dazu ein Beispiel aus dem Alltag:

> Werner fährt mit seinem Fahrrad auf einem Waldweg. Als er einen dünnen Baumstamm vor sich entdeckt, der quer über dem Weg liegt, meint eine leise Stimme in ihm – nennen wir es die Weitsicht des Herzens –, dass er besser absteigen und das Fahrrad über den Baumstamm heben solle. Werner ist ein erfahrener Radfahrer und sagt sich: »Das schaffe ich ohne abzusteigen!« Einen Augenblick später liegt er auf dem Boden und ihn durchfährt ein heftiger Schmerz. Werner hat sich die Schulter gebrochen. Beim Erzählen, wie der Unfall passiert sei, sagt er: »Eigentlich habe ich gespürt, dass ich dieser leisen Warnung, die von innen kam, hätte vertrauen sollen.«

Die leise Stimme des Gespürs kollidiert oft mit der etwas lauteren des Verstandes, weil das weitsichtige Herz, das sich über das Gespür Gehör verschaffen will, Gründe hat, die der Verstand nicht kennt. Manchmal geschieht es, dass das Herz gelassen bleibt und weiß: Wenn der Verstand gar zu scharfsinnig ist, werde ich einiges aushalten müssen.
Dem Verstand, dem reinen Informationsgehalt einer Sache und dem »Gewusst-Wie« scheint etwas zu fehlen. Nüchternes Faktenwissen ist auf Dauer langweilig und geschmacklos. Die Intuition, das Gefühl, das Gespür sind dem Salz ähnlich, das den Speisen Würze verleiht. Gut kochen zu können, ist eine Kunst, braucht Zeit und viel Kreativität. Ganz ähnlich verhält es sich mit dem Vertrauen ins eigene Empfinden. Wir spüren sofort, ob ein Gericht gut gewürzt ist oder versalzen. Zu viel Salz macht das beste Gemüse ungenießbar – zu wenig Würze und schon schmeckt es fad. Heftige Gefühlsausbrüche verunsichern und machen nicht selten Menschen ungenießbar – Emotionslosigkeit macht konturlos und blass.

Wenn wir uns ausschließlich von unseren Gefühlen beherrschen lassen, sind wir nicht frei und verlieren den Weitblick des Herzens. Menschen, die sich dagegen ausschließlich von ihrem Verstand leiten lassen und dabei alle Gefühle als lächerlich oder sentimental verwerfen, haben keine Ahnung vom Wesentlichen.
Andererseits: »Wenn der Verstand krank ist, muss das Gefühl das Bett hüten.« Der Verstand ist dann »krank« und vor allem maßlos, wenn er glaubt, dass mit Beweisen und Argumenten, mit Nützlichkeit und berechnender Intelligenz alle Freuden und Leiden im Alltag zu bewältigen sind.
Unser Gehirn ist jedoch, wie wir jetzt wissen, zu lebenslangem Lernen fähig. Daher mein Aufruf: Lassen Sie uns mit dem Zusammenspiel von Gefühl und Verstand die Möglichkeit schaffen, zu einem wahrhaft menschlichen Gehirn.

Wie spüren wir unser Leben als authentisch?

Wie empfindet ein Mensch seine Beziehung zu sich und anderen als stimmig?

Wann verliert ein Mensch die Angst, dass er zu kurz kommen könnte?

Wann entstehen diese Wohlfühlmomente, von denen wir faustisch sagen möchten: Verweile doch, du bist so schön?

Augenblicke der Freude können wir nur empfinden, aber nicht messen, berechnen oder beweisen. Unserem eigenen Gespür und uns selbst trauen und vertrauen, erfordert den

Mut, uns selbst gegenüber offen zu sein. Manchmal müssen wir das Empfinden »finden« und dem Gespür auf der Spur bleiben.

Auf der Spur bleiben heißt sich Zeit nehmen, denn das uns im Leben Wertvolle wird zunehmend von Oberflächlichkeit und Schnelligkeit bedroht. Vor allem brauchen wir für das Wertvolle Zeit zur Umsetzung. Ein Frühstück herzurichten oder einen Film anzuschauen, erfordert unterschiedlich viel Zeit. Einen Vortrag vorbereiten braucht weniger Zeit, als ein Buch schreiben. Aber nicht nur konkrete Werte haben ihre Zeit, sondern auch Ideen haben ihre Zeit. Man muss seine Ideen verwirklichen, sonst wuchert Unkraut darüber. Ideen schlummern in jedem Menschen und dieses schlafende Potenzial zu wecken, ist eine lohnende Lebensaufgabe. Dieses Potenzial hat weniger mit positivem Denken zu tun, sondern mit einer positiven Einstellung zum Leben. Der Unterschied zwischen positivem Denken und einer positiven Lebenseinstellung ist wesentlich. Missgeschicke oder Schicksalsschläge sind nicht auf einen Mangel an positivem Denken zurückzuführen und schon gar nicht auf mangelnde Intelligenz. Freude und Trauer, Fröhlichkeit und Schmerz gehören zum Leben, und die vermeintlichen negativen Seiten des Lebens werden nicht mit positivem Denken zum Verschwinden gebracht. Eine positive Lebenseinstellung kennt kein krampfhaftes Vermeiden von unliebsamen Überraschungen. Vielmehr befähigt eine positive Lebenseinstellung, die Hürden zum Glück mit heiterer Gelassenheit zu überwinden.

Was ist Leben?

Leben ist das, was jeder Mensch geschenkt bekommt. Ob er es tatsächlich als Geschenk empfindet, kann nur jede und jeder für sich fühlen. Diesem Geschenk »Leben« eine Freundin oder ein Freund zu sein, ist eine intensive, herausfordernde und lebenslange Aufgabe. Besonders in stürmischen Zeiten, wenn sich die »Schönwetterfreunde« verabschiedet haben, wird die Überzeugung, dass das Leben ein Geschenk sei, auf eine harte Probe gestellt. Die seelische Widerstandskraft, die Resilienz ruht auf dem Trotzdem, auf der Fähigkeit, dem Leben Freund oder Freundin zu sein.

Viktor E. Frankl wird von Resilienzforschern immer wieder gerne zitiert, insbesondere, wie es ihm gelungen ist, Auschwitz zu überleben. Frankl schreibt Sätze, die wie ein Motto zur Frage nach Sinn dastehen könnten:

> Denn wer da meint, ein Menschenleben müsse ein Schreiten von Erfolg zu Erfolg sein, der gleicht wohl einem Toren, der kopfschüttelnd an einer Baustelle steht und sich wundert, dass da in die Tiefe gegraben wird, da doch ein Dom entstehen soll. Gott baut sich einen Tempel aus jeder Menschenseele. Leben begründet sich aus sich selbst heraus, oder, wie Bach und seine Zeitgenossen glaubten, aus Gott. Mir erscheint dies Sinn genug.

(aus: Reddemann, *Überlebenskunst*)

Besonders hilfreich für uns, die wir dem Leben Freundin oder Freund sein wollen, ist der Gedanke, dass sich der Wert Leben aus sich selbst heraus begründet.
Die Werte der Technik liegen vor allem im Funktionieren, in der Berechenbarkeit und Planbarkeit. In technischen Bereichen ist Sachlichkeit wesentlich. Den Menschen auf Funktionalität zu reduzieren, heißt seine Persönlichkeit nicht als Ganzes zu sehen. Auf der reinen Sachebene, in den Funktionen, die wir erfüllen, sind wir computerähnliche Wesen. Ein Computer funktioniert auf der Sachebene, weil er keine Persönlichkeit hat. Der Mensch hat manchmal computerähnliche Fähigkeiten, doch er ist wesentlich mehr als ein Computer. Es ist nicht der Computer, der Ermutigung und Zuversicht liefert. Das Lebendige kommt aus dem Gespür, aus dem Gemüt und darin schlummert der ganze Reichtum, der uns bleibt, wenn uns sonst nichts mehr bleibt.

Niemand weiß, wie reich du bist ...
Freilich mein ich keine Wertpapiere,
keine Villen, Autos und Klaviere,
und was sonst sehr teuer ist,
wenn ich hier vom Reichtum referiere.

Nicht den Reichtum, den man sieht
und versteuert, will ich jetzt empfehlen.
Es gibt Werte, die kann keiner zählen,
selbst, wenn er die Wurzel zieht.
Und kein Dieb kann diesen Reichtum stehlen.

Die Geduld ist so ein Schatz
oder der Humor, und auch die Güte,
und das ganze übrige Gemüte.
Denn im Herzen ist viel Platz.
Und es ist wie eine Wundertüte.

Arm ist nur, wer ganz vergisst,
welchen Reichtum das Gefühl verspricht.
Keiner blickt dir hinter das Gesicht.
Keiner weiß, wie reich du bist ...
(Und du weißt es manchmal selber nicht.)

ERICH KÄSTNER[1]

Sich selbst und dem Leben Freund sein

Das Leben fragt

»Dem Leben Freund sein.« Das klingt fast pathetisch und wir müssen uns fragen, was wir unter dem Begriff *Leben* verstehen? Würden wir mit verschiedenen Menschen an einem Tisch sitzen, bekämen wir viele Antworten und keine wäre falsch. Während der eine die Zeitspanne eines Menschenlebens zwischen Geburt und Tod meint, denkt ein anderer an das organische Leben, das bislang nur auf unserem blauen Planeten entdeckt wurde. Ziemlich sicher käme von einem, der mit uns am Tisch sitzt, die Bemerkung, dass wir das Leben doch umfassender sehen sollten, als rein biologisch. Reine Verstandesmenschen würden nachfragen: »Wie sollen wir das Leben sehen: umfassend? Wenn ich meine Frau umfasse, dann spüre ich ihren Körper, das ist für mich umfassend.« »Aber das Leben ist doch ein Zusammenspiel von Seele, Körper und Geist. Wir sind doch mehr als unser Körper.« Dieser Einwand kommt aus der Ecke der gefühlsbetonten Menschen. Wir könnten uns noch länger bei diesem Gedankenspiel aufhalten und würden über das Leben die verschiedensten Ansichten zu hören bekommen.

»Dem Leben Freund sein«, damit meine ich jenes Leben, das der Vergänglichkeit trotzt und den Tod überlebt, weil es geistigen und nicht nur körperlichen Ursprungs ist. Weil es göttlich ist.

Das Bemühen, die geistige Kraft, das Trotzdem zu mobilisieren, ist vielen von uns bekannt. Die Wege dorthin sind zahlreich und die Art der »Tankstellen« vielfältig. Während der eine beim Joggen auftankt, zieht der andere die Meditation vor. Versinkt ein Mensch in der Musik und holt sich dort seine Energie, bevorzugen andere das Gespräch. Bei all den vielen Möglichkeiten ist eines wesentlich, dass wir nicht nur eine einzige Möglichkeit für die beste halten.

Wir müssen lernen, dass es letztlich nie und nimmer darauf ankommt, was wir vom Leben noch zu erwarten haben, sondern vielmehr darauf: was das Leben von uns erwartet! Dieser Gedanke aus Viktor E. Frankls Buch, ... *trotzdem Ja zum Leben sagen,* macht uns auf einen Irrtum aufmerksam. Viele Menschen wissen offenbar sehr genau, was andere ihnen schuldig sind, übersehen jedoch dabei, dass sie sich selbst und dem Leben etwas schuldig bleiben. Wenn wir genau hinsehen, sind wir es, an die das Leben täglich und stündlich Fragen stellt – Fragen, die wir zu beantworten haben, indem wir nicht durch Grübeln oder Reden, sondern nur durch Handeln die rechte Antwort geben.

Das Leben fragt uns manchmal sehr leise. Fast so, wie eine Sternschnuppe nur kurz aufflackert. Kaum hat man den Funken wahrgenommen, schon ist er wieder erloschen. Sternschnuppenbeispiele kennt jeder Mensch. Beim Autofahren oder bei der Hausarbeit, beim Warten an der Bushaltestelle oder beim Denken über einer Aufgabe entwickelt unser Gespür sein Eigenleben. Während wir denken, überrascht uns ganz plötzlich unser Gespür mit einer Idee. Kennen Sie dieses Phänomen? Mir ist es gut bekannt: Mitten im Schreiben fällt mir plötzlich ein Buch ein oder ein

Lied. Früher habe ich mich über die Ablenkung geärgert und mich zur »Ordnung gerufen«. Ich habe mir eingeredet, dass es besser sei, bei der Sache zu bleiben und später dem Einfall nachzugehen. Die Folge war, dass meine Konzentration nachgelassen hat und das Schreiben nicht mehr möglich war. Irgendwann dachte ich mir: Bevor ich mich stur an die Ordnung halte und mir dann nichts mehr einfällt, kann ich genauso gut im betreffenden Buch nachschauen. Und: Fast immer versteckte sich in der Inspiration ein konstruktiver Hinweis für meine augenblickliche Arbeit.

Wer dem Gespür eine Daseinsberechtigung geben will, muss eine Tat setzen. Ist jedoch der Verstand mit diversen Terminen und Aufgaben überlastet und haben wir mit unserer rechnenden und berechnenden Intelligenz schon Erfolg gehabt, dann wird das Auftauchen des Gespürs mit Sicherheit als störend empfunden. Meistens dauert es nicht lange und die Idee ist verschwunden.

Es gibt aber auch Situationen, da fragt das Leben viel konkreter, als uns lieb ist. Da ist sich beispielsweise Fritz völlig sicher, sein Handy auf lautlos gestellt zu haben. Deshalb kümmert er sich nicht um die warnenden Klingeltöne vor Beginn des Konzerts, die das Publikum daran erinnern sollen, ihr Handy abzuschalten. Heiß und kalt durchfährt es ihn, als im zweiten Satz lautes Klingeln aus seiner Jackentasche ertönt. Fritz wird vom Leben mit einem Extrahinweis gefragt. So deutlich fragt das Leben nicht immer.

Für manche Menschen sind Lebensfragen unlösbare Rätsel, weil sie immer schon heute auf die Fragen antworten wollen, die das Leben erst morgen stellt. Lebensfragen zu beantworten ist manchmal wie Kreuzworträtsel lösen. Wir überlegen, welches Wort senkrecht passen könnte. Ob es tatsächlich stimmt, erfahren wir erst ein bisschen später. Im Augenblick, in dem sich die Buchstaben der Senkrechten mit der Waagrechten verbinden und zusammenstimmen, wissen wir, dass uns das Rätsel gelungen ist. So ähnlich wirkt das Leben, wenn wir ihm vertrauen.

Alles fügt sich und erfüllt sich,
musst es nur erwarten können
und dem Werden deines Glückes
Jahr und Felder reichlich gönnen.
Bis du eines Tages
jenen reifen Duft der Körner spürest
und dich aufmachst und die Ernte
in die tiefen Speicher führest.

CHRISTIAN MORGENSTERN

Fünf Minuten Lebenskunst

Man muss seine Ideen verwirklichen,
sonst wuchert Unkraut darüber.

Jean Paul

- Einfälle, die auf einmal in mir auftauchen, notieren.
- Ich nehme mir jetzt zwei Minuten Zeit zum Nachspüren und gebe der Idee, die in mir auftaucht, eine Chance.
- Ich vertraue auf mich und setze die Idee in die Tat um.

Behalt das Leben lieb!

Warten und erwarten können fällt uns besonders schwer, da wir gelernt haben aktiv zu sein, zu planen und am Geplanten festzuhalten. Das unbedingte Bemühen, an Plänen festzuhalten, durchkreuzt das Leben ziemlich oft. Viele versuchen, mit den verschiedensten Methoden das Geplante um jeden Preis durchzusetzen. Meistens geht es ihnen daraufhin nicht besonders gut. In einer krisenhaften Zeit bekam ich eine Karte, auf der stand: »Behalt das Leben lieb.« Das Leben lieb behalten – wie geht das? Soll ich ihm Blumen schenken oder das Leben zum Essen einladen? Soll ich das Leben umarmen? *Das* Leben – was ist das? Weder *sehe* ich das Leben, noch kann ich es *anfassen* – trotzdem ist es da. Das Leben wird in der Freude und in der Trauer *spür*bar, die innere Lebendigkeit ist im Schmerz und in der Fröhlichkeit zu spüren.

In der Freude und im Schmerz meldet sich etwas in uns, das nicht zu erklären und schon gar nicht zu beweisen ist. Vor allem ist es nicht sichtbar, wohl aber spürbar. Im Erleben von Freude oder im Empfinden von Schmerz wohnt die Gewissheit des Lebens. Gewissheit bedeutet nicht, dass unsere Wünsche in Erfüllung gehen und Geplantes auch eintrifft. In unserer Sehnsucht nach Sicherheit und Dauerhaftigkeit, nach Unvergänglichkeit und Gemeinsamkeit

erhoffen wir dies. Doch das einzig uns Bleibende ist Veränderung.
Die Gewissheit des Lebens hat nichts mit Sicherheit zu tun. Im Leben gibt es keine Sicherheit. Das wusste Erich Kästner schon: »Wird's besser, wird's schlechter, so fragt man alljährlich. Seien wir ehrlich: Leben ist immer lebensgefährlich.«
Vielleicht bedeutet das Leben lieb haben, wild und gefährlich zu leben? Nein, natürlich ist nicht am Strick von der Brücke zu fallen gemeint und auch nicht, sich als Geisterfahrer zu erproben. Wild und gefährlich leben bedeutet, in unserer Gesellschaft Mut zur Sensibilität zu haben und Betroffenheit zu zeigen, wenn uns etwas erschüttert. Wild und gefährlich leben bedeutet, sich von den lebendigen Ideen herausfordern lassen.
In vielen Bereichen unserer Gesellschaft herrscht die Überzeugung vor: »Ich habe ein Recht auf Glück.« Die meisten verwechseln Glück mit Freude. Viele jagen nach dem Glück und wissen nicht, was Glück ist. Sie leben in der so genannten Wenn-dann-Philosophie. »Wenn wir dieses Auto haben, dann sind wir glücklich.« »Wenn wir in der Südsee Urlaub machen, dann geht es uns gut.« Manche Menschen fahren dorthin und sind dann enttäuscht, dass das Glück nicht dort Urlaub macht. Es gibt keinen verbrieften Anspruch auf Glück, aber Lebensfreude als Gewissheit. Mit Gewissheit ist jene Unerschütterlichkeit und Unbeirrbarkeit gemeint, die ohne jene Überheblichkeit auskommt, die mit dem Wissen zu tun hat, das sich auf Fakten beruft, Fakten, die uns sagen, was wir tun müssen, dass uns nichts passiert. In der Werbung beispielsweise erfahren wir täglich, dass uns weder Schnupfen noch Grippe, weder Krankheit noch Unfall oder sonstige Unannehm-

lichkeiten zustoßen, wenn wir *richtig* leben. *Richtig leben* heißt zu wissen, was wir tun müssen, um nicht krank, arbeitslos und vor allem nicht unglücklich zu werden. Diese Lebenseinstellung hat nichts zu tun mit wirklichem Leben und mit den Überraschungen, die es bereithält.

Geborgenheit im Leben

Merkwürdigerweise sind wir Menschen mit der Unheil stiftenden Ansicht, dass Unglück eine Strafe für Schuld sei, schnell bei der Hand. Ebenso wenig, wie ein Unglück eine Strafe ist, ist ein *richtig gelebtes Leben* eine Garantie für Glück. Das Leben belohnt uns nicht und bestraft auch nicht. Viel zu lange schon regelt dieses ungeschriebene Gesetz, wenn uns etwas zustößt, haben wir einen Fehler begangen und werden dafür bestraft, die Gemeinschaft von Menschen. Keinem Menschen ist es bisher gelungen, sämtliche Fehler zu vermeiden. Es liegt an der Sichtweise, ob etwas als Fehler beurteilt wird oder nicht. Vor allem liegt es an der Einstellung zum Leben. Manche Dinge müssen wir eben tun, obwohl wir es nicht mögen. Die Spannung zwischen Freude und Leid und der Wechsel von Tag und Nacht begleiten uns ein Leben lang. Der Mensch hat es zwar mit Hilfe der Technik geschafft, die Nacht zum Tag zu machen, aber er braucht dennoch genügend Ruhephasen, sonst wird er krank. Menschsein heißt, wir sind begrenzt.

Viktor E. Frankl schreibt: »Die Existenzanalyse musste den revolutionären und ketzerischen Schritt wagen, sich nicht nur die Leistungs- und Genussfähigkeit des Menschen zum Ziel zu setzen, sondern darüber hinaus auch in seiner Liebes- und Leidensfähigkeit eine grundsätzlich mögliche und tatsächlich notwendige Aufgabe zu sehen« (*Ärztliche Seelsorge*).

Die grundsätzlich mögliche und tatsächlich notwendige Aufgabe, schmerzliche Erfahrungen zu bewältigen, prägt uns. Die Erfahrung könnte uns lehren und wir könnten lernen, dass ein Schicksalsschlag keine Strafe ist. Wir müssen begreifen lernen, dass sich unser Horizont durch schmerzliche Erfahrungen weitet. Das Annehmen von Schmerz und die daraus resultierende Erfahrung lehren uns, dass wir das Leben nicht im Griff haben. Manchmal bleibt uns nichts anderes, als Hilflosigkeit und Ohnmacht zu ertragen. Aber unsere Gesellschaft will von Schmerz, Verlust und Tod nichts wissen. Wir bemühen uns intensiv, mit Hilfe von Methoden und Strategien diese Themen zu verdrängen.
Die Fähigkeit, sich am Leben zu freuen, hat nichts mit Verdrängen zu tun. Die meisten Menschen wissen, was für andere gut ist, und die wenigsten spüren, was ihnen selbst gut tun würde. Ahnen Sie, was Ihnen gut tut? Wann haben Sie sich das letzte Mal gefreut?

Fünf Minuten Lebenskunst

Wär' nicht das Auge sonnenhaft,
die Sonne könnt es nie erblicken.
Läg' nicht in uns des Gottes eigne Kraft,
wie könnt' uns Göttliches entzücken?

Johann Wolfgang von Goethe

- Ich erinnere mich an ein Erlebnis, das mich mit Freude erfüllt hat.
- Ich lese das Gedicht von Goethe noch einmal in Ruhe und frage mich, was es für mich bedeutet.

Diese Freude, diese Lebendigkeit in uns können wir nicht mit dem Verstand erfassen, sondern nur spüren. Das Gespür ist die größte Kostbarkeit, die das Leben zu bieten hat. Einmalig und einzigartig sind wir nur in unserem Fühlen. Wissen ist vergleichbar und messbar. Im Bereich des Wissens haben wir kaum Chancen, einmalig und einzigartig zu sein. Je mehr ein Mensch Wissen anhäuft, umso größer ist die Gefährdung, dass er sich allzu sehr darauf verlässt und sich von seinem Gespür entfernt. Je mehr ein Mensch davon überzeugt ist, dass er weiß, wie etwas sein soll oder wie er sich verhalten muss, dass er von anderen gesehen wird, desto mehr entfernt er sich von seinem Gespür und von seinem Fühlen.

Die Gefahr liegt nicht darin, dass sich Forscher spezialisieren, sondern dass Spezialisten generalisieren. Viktor E. Frankl brachte die Maßlosigkeit der Informationsgesellschaft auf den Punkt. Fachleute und Spezialisten dirigieren unsere technisch gewordene Welt. Selbstverständlich muss berücksichtigt werden, dass uns die Technik vieles erleichtert hat. Viele von uns haben keine Ahnung mehr davon, wie mühevoll es war, ohne Waschmaschine die Wäsche zu waschen. Bedenklich ist, dass Technik, Wirtschaft und Kriege von Spezialisten geleitet werden. Sie haben sich einem Verstand angenähert, der häufig mit Gefühllosigkeit einhergeht und ohne menschliche Vernunft ist. Daraus resultiert die Versuchung, das Wissen über alles zu stellen. Wissen ohne Gewissen führt jedoch dazu, den weltweiten Wahnsinn blühen zu lassen, der uns als »Zivilisation« und »Fortschritt« verkauft wird. Nur die wenigsten führenden Spezialisten verfügen über ein »menschliches Gehirn«, wie ich es weiter oben beschrieben habe. Und mehr und mehr werden Menschen zu Spezialisten erzogen, zum »dummen

Wissen«. Dem »dummen Wissen« fehlen der Weitblick und die Fähigkeit, vorausschauend zu handeln. Diese Art von Wissen freut sich so über die angehäuften Informationen, dass ihm letztlich das Verständnis für größere Zusammenhänge, Einfühlungsvermögen, Mitgefühl, Respekt, Toleranz und vor allem Verantwortung gänzlich abhanden gekommen ist. Je mehr Menschen zu Spezialisten erzogen werden, zum »dummen Wissen«, umso größer ist die Gefahr, dass Gespür, Wahrnehmung und der Mut zur persönlichen Stellungnahme verloren gehen.
Die persönliche Stellungnahme, die manchmal eine Spur von Zivilcourage braucht, wird uns deshalb erschwert, weil wir sofort als dumm gelten, wenn wir die neuesten Erkenntnisse nicht berücksichtigen, sondern unsere persönliche Meinung kundtun. Der Anspruch, möglichst überall Bescheid zu wissen, mitreden zu können und sich nicht zu blamieren, hat fatale Auswirkungen auf unser Zusammenleben. Zurückhaltung, Schüchternheit und Ängstlichkeit wachsen bei jenen, die keine Spezialisten sind. Und es waren überwiegend Spezialisten, die uns mit Handlungstheorien überflutet haben. Die Theorie zum Beispiel, dass Lob und Anerkennung für die Motivation des Menschen wesentlich seien, hat viele in eine bizarre Abhängigkeit geführt. In der Erwartung, belohnt, gelobt und gefeiert zu werden, haben viele Menschen den Zugang zu ihrem Gespür verloren. Das Prinzip Anerkennung ist gründlich missverstanden und dann zu einer »Epidemie« geworden, der mit einer Schutzimpfung nicht beizukommen ist.

Missverständnis Anerkennung

In unserer Gesellschaft ist tatsächlich ein Missverständnis zu einem wesentlichen Stressfaktor geworden, nämlich: »Belohnung ist die beste Motivation.« Wenn das wirklich so stimmen würde, wäre der Mensch nichts weiter als eine Marionette, die dann gut funktioniert, wenn sie belohnt wird. Trauen wir dem Menschen denn nicht zu, dass er sich aus Freude am Dasein oder aus Liebe für andere und anderes interessiert? Trauen wir dem Menschen nicht zu, dass er bereit ist, sich für eine gute Sache einzusetzen, ohne dass es dabei etwas zu gewinnen gibt? Es gibt jedoch noch etwas anderes als Belohnung, nämlich Ermutigung und diese unterscheidet sich grundlegend von der Belohnung. Es mag beiden eine freundliche Haltung zugrunde liegen und auf den ersten Blick mögen sie gleichartig erscheinen. Der Unterschied liegt aber im Zeitpunkt und in der Wirkung. Belohnung erhält der Mensch gewöhnlich für etwas, das er gut gemacht hat, für etwas Erreichtes, wie klein es auch sei. Ermutigung erhält ein Mensch, wenn er versagt. Es lebt sich schwer mit Menschen, die für ihre Taten ständig Belohnung erwarten. Vor allem leben diese Menschen unter dem ständigen Druck: »Ich muss gut sein!« Irgendwann genügt »gut sein« nicht mehr und die Falle des Perfektionismus schnappt zu. Der Speck, mit dem die Perfek-

tionismusfalle ihre Opfer fängt, ist die Sehnsucht nach Anerkennung, die sich zur Gier steigern kann.
Ermutigung und Gewissheit fordern nicht das Gutsein durch Anpassung und Leistung. Ermutigung brauchen wir, wenn uns etwas misslungen ist. Gewissheit und einen inneren Halt haben wir besonders in Krisenzeiten nötig.
Die Gewissheit des Lebens kann jeder Mensch erfahren, der in der Lage ist, körperlichen oder seelischen Schmerz zu spüren. Im Wahrnehmen des Schmerzes fühlen wir die Trostlosigkeit und Verzweiflung des Augenblicks. Trotzdem ahnen wir, dass das Leben mehr zu bieten hat als den augenblicklich spürbaren körperlichen und seelischen Schmerz. Wir sehnen das Ende der Schmerzen herbei. In der Ahnung, dass das Leben mehr zu bieten hat als Schmerz, wohnt die innere Gewissheit, die unabhängig ist von äußeren Umständen. Kaum etwas stärkt unser Selbstvertrauen mehr, als die erlebte und manchmal erlittene Erfahrung, schwierige Zeiten bewältigt zu haben. Der Trost weiß darum, was in der Vergangenheit geborgen ist. Dieser Gedanke von Viktor E. Frankl ermutigt zur eigenen Biografiearbeit und dazu, die Lebensgewissheit zu entdecken.

Zu diesem Thema gibt es einen wunderbaren, lebensbejahenden Film, »Wie im Himmel«, unter der Regie von *Kay Pollak*. Es ist die Geschichte eines erfolgreichen Dirigenten, der sich nach einem Herzinfarkt in sein Heimatdorf zurückzieht. In der Arbeit mit einem kleinen Kirchenchor setzt er sich dafür ein, dass jeder Einzelne seinen eigenen Ton findet. Für eine junge Frau schreibt er ein Lied:

Jeden Tag, den ich habe
Ich will leben, wie ich es will
Ich will spüren, dass ich lebe
Wissen, ich war gut genug.

Dieses Wissen, »ich war gut genug«, hat nichts mit dem Wunsch, anderen zu gefallen, zu tun, sondern mit der Gewissheit und der Unbeirrbarkeit, dass ich als Mensch im Leben geborgen bin. Trotz meiner Schwächen und Unzulänglichkeiten bin ich aus der Sicht des Lebens immer gut genug. Wenn ein Mensch dieses »ich bin gut genug« einmal spürt, verliert er es nie mehr. Als Kind haben wir oft gewusst, dass wir gut genug sind, und deshalb schlummert in uns allen dieses: »Ich bin und dass ich auf der Welt bin, ist gut!« Die meisten Menschen haben die Freude erlebt, die Eltern oder Großeltern, Nachbarn oder Lehrerinnen hatten, wenn wir ihnen begegnet sind. Leider haben uns manche Menschen dieses Gut-genug-Sein nicht immer geglaubt, und das hat uns verunsichert. Dieses Wissen, »ich war gut genug«, hat nichts mit dem Abrufen von gelerntem Wissen zu tun, sondern mit der Fähigkeit zu fühlen, sich selbst und dem Leben zu vertrauen.

Wann und wo spüren wir Leben?

Damit wir nachdenken können, ob und wie wir das Leben spüren, gibt es zwei Voraussetzungen: Diese Frage muss uns interessieren und wir brauchen zum Nachdenken unseren Verstand. Um Freude zu spüren und Schmerz zu empfinden, ist unser Verstand nicht notwendig. Es mag sein, dass der Verstand mancher Menschen beleidigt ist, wenn er entdeckt, dass es Gefühle gibt, gegen die er keine Chance hat. Ein Kind, das zur Welt kommt, kann noch nicht nachdenken, aber es empfindet. Es fühlt Wärme, Kälte und Hunger als Ausdruck von Lebendigkeit. Das Bewusstsein entwickelt sich erst allmählich. Und am Ende unseres Lebens ist es wieder das Empfinden, das uns am längsten erhalten bleibt.
Dass der Verstand tatsächlich weniger Mitspracherecht als das Gespür hat, zeigt das ganz banale Beispiel einer Grippe, die uns ins Bett zwingt. Bei hohem Fieber hält sich das Interesse zu lesen oder Musik zu hören in Grenzen. Was uns bleibt ist unsere Empfindungsfähigkeit. Wir fühlen Kopfschmerzen und Gliederschmerzen und doch kann der Verstand mit Hilfe der Pharmazie nur einen Teil der Schmerzen bekämpfen. Die Auseinandersetzung, im Bett liegen zu müssen und nicht arbeiten zu können, nimmt uns kein Medikament ab. Hier wird deutlich, dass der Verstand nicht Herr im eigenen Haus ist, wie dies Sigmund Freud formulierte.

Wir spüren also das Leben im Schmerz. Wenn wir es jedoch nur auf das Empfinden von Schmerz reduzieren, kennen wir das Leben nicht. Wo taucht die Freude auf? Sich freuen zu können über die Schönheit eines strahlenden Wintertages oder über die erfrischende Kühle eines Sees im Sommer, kann niemand über den Verstand befehlen. Die Freude über ein Konzert oder ein Schauspiel, in dem wir das Gefühl haben, eins zu sein mit dem Geschehen auf der Bühne, können wir nicht planen. Natürlich müssen wir uns Karten kaufen und ins Theater gehen, aber ob es uns berührt, ob es uns gefällt oder ob wir uns über die Aufführung ärgern, das können wir nicht beeinflussen.
Vor kurzem hat mir jemand ein Buch empfohlen. Der Titel sprach mich an und machte mich neugierig. Beim Lesen wurden meine Verwunderung und meine Enttäuschung über das Geschriebene immer größer und nach nochmaligem Versuch, die Worte in mich aufzunehmen, legte ich das Buch weg. Früher hätte mein Verstand wesentlich mehr Mitspracherecht gehabt. Er hätte mir signalisiert, dass ich nicht so überheblich sein soll und vielleicht wäre ich nur nicht offen genug. Mittlerweile erinnere ich mich in solchen Situationen gerne an Franz Kafka:

> Ich glaube, man sollte überhaupt nur solche Bücher lesen, die einen beißen und stechen. Wenn das Buch, das wir lesen, uns nicht mit einem Faustschlag auf den Schädel weckt, wozu lesen wir dann das Buch? Damit uns glücklich macht, wie Du schreibst? Mein Gott, glücklich wären wir eben auch, wenn wir keine Bücher hätten, und solche Bücher, die uns glücklich machen, könnten wir zur Not selber schreiben. Wir brauchen aber Bücher, die auf uns wirken wie ein Unglück, das uns schmerzt,

wie der Tod eines, den wir lieber hatten als uns, wie wenn wir in Wälder vorstoßen würden, von allen Menschen weg, wie ein Selbstmord, ein Buch muss die Axt sein für das gefrorene Meer in uns.

(*Brief an Oskar Pollak, 27. Januar 1904*)

Das gefrorene Meer in uns ist das Leben in uns, das lebendige Gespür, das von der Scharfsinnigkeit des Verstandes unter der Eisschicht des Wissens ruhiggestellt wurde. Wie intensiv wir unser Empfinden fühlen und wie oft wir auf das Leben in uns hören, liegt nicht an unseren Genen, sondern vor allem daran, wie uns Erziehung, Umwelt und Geschichte geprägt haben. Wenn man Generationen so erzieht, dass sie ihre Gemütsbewegungen unterdrücken, bleibt schließlich nichts mehr, was zu unterdrücken oder gar zu erlösen wäre. Viele Kinder und Erwachsene leiden unter den Auswirkungen einer falsch verstandenen Autorität des Wissens. Die Folge dieser Autorität besteht vor allem im Verlust von Neugier, Interesse und Wissensdurst. Kinder wollen nicht nur das nachsagen, was ihnen Erwachsene vorsagen. Die Wissbegier von Kindern ist grenzenlos. Meist kommen wir Erwachsene dabei an unsere Grenzen. Und aus dem Wunsch, dass die eigenen Kinder es einmal besser haben sollen, haben einige nicht so genau hingeschaut, was mit dem »besser haben« gemeint ist. Besser haben heißt nicht, weniger lernen oder Strategien erlernen, wie wir Schwierigkeiten vermeiden. Besser haben bedeutet, dass wir mit Problemen umgehen können und dass wir wissen: Wenn es schwierig wird, dann haben wir uns und andere, die uns helfen.

Fünf Minuten Lebenskunst

Mensch sein heißt ja niemals,
nun einmal so und nicht anders sein müssen,
Mensch sein heißt immer,
immer auch anders werden können.

Viktor E. Frankl

- Wünsche ich mir manchmal »anders« zu sein?
- Wann wäre ich gerne »anders« gewesen?
- Ich versuche »anders« zu sein – und verschiebe das Probieren nicht auf morgen.
- Falls mein unmittelbares Umfeld mit meiner Veränderung nicht einverstanden sein sollte, sage ich lächelnd: »Eigentlich bin ich ganz anders, ich komme nur so selten dazu!«

Bevor Sie jetzt nach Argumenten suchen, dass »anders« werden nicht möglich ist, erinnern Sie sich an die fröhlich stimmende Botschaft der Hirnforscher, dass das Gehirn zeitlebens lernfähig bleibt.

Viktor E. Frankl schreibt in seinen Thesen über die Person: »Mit jedem Menschen, der zur Welt kommt, wird ein absolutes Novum ins Sein gesetzt, zur Wirklichkeit gebracht; denn die geistige Existenz ist unübertragbar, ist nicht fortpflanzbar von den Eltern aufs Kind. Was dann allein fortpflanzbar ist, sind die Bausteine – aber nicht der Baumeister« (*Viktor E. Frankl, Ärztliche Seelsorge*).

Der Baumeister ist das Leben selbst. Mütter bringen uns zur Welt, doch das Leben haben sie uns nicht geschenkt.

Das Leben ist ein Geschenk des Lebens selbst, ein Geschenk der guten Mächte oder ein Geschenk von Gott. Wählen Sie jenen Begriff, bei dem Sie das Gefühl haben: »Da bin ich zu Hause.« »Da spür ich so etwas wie Wärme und Geborgenheit, da ist Heimat.«

> In seiner Ursprünglichkeit bezeichnet das Wort Heimat keine abgeschlossene Struktur, sondern das Gegenteil davon: eine Struktur, die öffnet, eine Brücke zwischen den Menschen und dem Weltall, einen Leitfaden, der vom Bekannten auf das Unbekannte, vom Sichtbaren auf das Unsichtbare, vom Verständlichen auf das Geheimnisvolle, vom Konkreten auf das Allgemeine weist. Es ist der feste Boden unter den Füßen, auf dem der Mensch steht, wenn er sich zum Himmel hin ausrichtet.
>
> (aus: Václav Havel, *Moral in Zeiten der Globalisierung*)

Zu dem, was Václav Havel beschreibt, kommt noch die Spannung zwischen Begrenztheit und Grenzenlosigkeit. Jeder kennt diese Spannung auch in sich selbst. Es geht darum, diese Spannung auszuhalten und in der Spannung eine gute Balance zu finden. Wer die Begrenztheit absolut setzt, wird ein bedrückendes Leben führen. Menschen, die alles hinnehmen, so wie es ist, leben eine destruktive Art von Schicksalsergebenheit: Es kommt halt, wie es kommt, und wir können nichts daran ändern. Das ist die eine Seite. Man kann aber auch die andere Seite absolut setzen: die Grenzenlosigkeit. Unbegrenzte Möglichkeiten, was alles zu wissen möglich ist, flimmern über die Bildschirme. Leider vergessen wir dabei zu oft, dass der Mensch kein virtuelles Strichmännchen ist. Der Mensch ist nicht unbegrenzt aufnahmefähig und belastbar und im Gegensatz zu den Figuren in den Zeichentrickfilmen empfindet er Schmerz und hat auch nicht mehrere Leben. Es gibt Menschen, die ihr Leben in der Warteschleife verbringen und nie landen. Sie sehen alles, was möglich ist, und suchen das Bestmögliche. Vor lauter Bedenken, sie könnten das Beste versäumen, verlieren sie auch das Gute. Unwillkürlich drängt sich der Gedanke auf: Wie können wir um Himmels willen einem Menschen gerecht werden, der immer das Bestmögliche sucht? Im Streben nach dem Besten haben Zweifel Hochkonjunktur und die Angst freut sich über viele Samen. Neben den Verlustängsten ist die Angst, Fehler zu machen, die am meisten verbreitete Angst. Die Partnerin wird sich neben ihrem Partner, der das Perfekte sucht, immer wieder klein vorkommen. Der Mann, der den Vergleichen seiner Frau mit »besseren Männern« standhalten soll, kann sich bemühen, wie er will, er wird ihr nicht genügen. Wer ständig nach neuen Möglichkeiten sucht und in jeder Innovation die Seligkeit sieht, der erfährt nie, dass es Vertrauen und Gewissheit als inneren – wenn auch unsichtbaren – Halt gibt.

Das Leben wie ein Baumeister zu sehen bedeutet, dass jeder Mensch dieses Leben in sich trägt und jeder selbst sein eigener Baumeister ist.

Was wir aus den Bausteinen machen und wie wir sie benutzen, das liegt an uns. Wie geht ein Mensch mit glücklichen Momenten um, sodass er dem Leben Freund sein kann? Wie ist ein Umgang mit Missgeschicken im Alltag möglich, ohne dass schlechte Laune und Griesgrämigkeit zur gewohnheitsmäßigen Folge davon werden? Und wie erleben wir das Leben in der tragischen Trias, in Schuld, Leid und Tod?

Es gibt einiges, das uns ständig begleitet, ohne dass wir uns dessen bewusst sind. Unser Atem gehört dazu. Er begleitet uns ständig, aber wir denken nicht permanent daran, atmen zu müssen. Es geschieht einfach. Manchmal tut es gut, in aller Ruhe und ganz bewusst einige tiefe Atemzüge zu machen. Kurz darauf vergessen wir das bewusste Atmen wieder. Wir denken nicht daran, weil andere und anderes unsere Aufmerksamkeit beanspruchen. So wenig bewusst, aber ebenso selbstverständlich wie der Atem ist das tiefe Gespür, das als Lebendigkeit in uns schlummert. Manchmal ist dieses tiefe Gespür noch leiser als der Atem, den wir hören, wenn es ganz still ist. Manchmal sind wir so mit anderen Dingen oder unseren Vorstellungen, wie etwas werden soll, beschäftigt, dass wir auf das Gespür, auf das Leben vergessen. In Phasen höchster Geschäftigkeit kommt selten ein Mensch auf die Idee, bewusst zu atmen oder sich dem Gespür zu widmen. In der Vorbereitung auf einen besonderen Geburtstag beispielsweise kann es geschehen, dass wir vom äußerlich Sichtbaren dermaßen in Anspruch genommen werden, dass wir auf das Wesentliche vergessen. Das Wesentliche ist das Innere. Das Wesentliche sind jene Menschen und Dinge, die uns am Herzen liegen.
Während die scharfen Sinne des Verstandes auf immer grellere und lautere Äußerlichkeiten hereinfallen, widmet sich die Weitsicht des Herzens den leisen, den unsichtbaren Dingen des Lebens.
In einer Welt, in der »schneller, höher, stärker« das alles bestimmende Motto ist, verlieren wir immer mehr den Zugang zu unserem Gespür und damit die Unbeirrbarkeit, unserem Gefühl zu vertrauen. Die lächerlichen Hundertstelsekunden, die über Sieg oder Niederlage bei sportlichen Wettkämpfen entscheiden, können wir mit unserem Emp-

finden nicht mehr wahrnehmen. Um uns überhaupt eine Vorstellung machen zu können, wie gering der Unterschied ist, bekommen wir Zielfotos in Superzeitlupe geliefert. Eine Superzeitlupe, in der wir unser Gespür und unsere Empfindsamkeit sichtbar machen können, gibt es nicht, trotzdem ist beides anwesend, so wie der Atem, der uns ein Leben lang begleitet.

Erich Kästner schildert jene Situation, in der wir uns verlaufen und zu viel von uns verlangt haben, wie folgt: »Unser Gewissen geht immer richtig, nur wir gehen manchmal falsch.« Grete hat beispielsweise für ein Firmenjubiläum viel von sich, von ihren Fähigkeiten und viel von ihrer Zeit eingesetzt. Sie hat sich gerne eingesetzt, es hat niemand von ihr verlangt. Zum Schluss hat sie in der Nacht vor dem Fest noch ein Gedicht für ihren Chef geschrieben. Das Fest wurde gefeiert, die Leute fühlten sich wohl und Grete saß mittendrin. Aber je lauter das Fest wurde, umso stiller wurde Grete. Ganz leise hatte bei Grete die Traurigkeit Platz genommen. Sie deutete die Traurigkeit als Erschöpfung, infolge der vielen Arbeit. Irgendwann im Laufe des Festes ging die Traurigkeit dann in eine Mischung von Einsamkeit und Wut über. Grete kannte diese Gefühlssymphonie. Je mehr sie versuchte, ihre Gefühle zu ignorieren, umso heftiger wurde der Ärger.

Jede und jeder, der diese Gefühlssymphonie abwehrt, bekämpft seine Lebendigkeit mit untauglichen Mitteln und hat keine Ahnung von der Kostbarkeit des Gespürs. Gretes Traurigkeit gründet nicht in der äußeren sichtbaren Arbeit, sondern in der tiefen inneren Freude, die sie mit niemandem teilen konnte. Ihr ging es nicht um eine Selbstdarstellung ihrer Fähigkeiten. Sie mochte ihren Chef und schätzte ihn für die Art und Weise, wie er sich bemühte, trotz weniger Aufträge niemandem kündigen zu müssen. Der Grund ihrer Freude war Dankbarkeit und dieser Dankbarkeit hat sie mit allem, was ihr möglich war, Ausdruck verliehen. Wenn wir glauben, dass wir uns Enttäuschungen ersparen, wenn wir uns weniger einsetzen, dann sind wir im Irrtum. Wer nichts lieb hat und wer sich nicht mehr für das einsetzt, was ihm wertvoll ist, der wird auch nicht traurig sein, wenn jemand stirbt. »Tu niemandem etwas Gutes, dann tut dir niemand etwas Schlechtes!« Diese Lehre klingt weise, aber sie raubt uns Lebendigkeit und die Fähigkeit, sinnerfüllt zu leben. Die Aussicht, sich nie mehr zu ärgern, keine Enttäuschungen erleben zu müssen, mag für einige Menschen befreiend sein. Doch die Einsicht, dass mit dem Verlust der Traurigkeit auch der Verlust, sich intensiv freuen zu können, verloren geht, sollte uns zu denken geben. Nicht alles, was an Ideenverwirklichung möglich ist, gelingt und nicht alles ist notwendig. Wir leben intensiv von den Möglichkeiten, die mehr sind als Notwendigkeit. Wer sein Leben nur von der nützlichen Notwendigkeit bestimmen lässt, versäumt die glücklichen Momente der sinnvollen Möglichkeiten. Unser Alltag ist meist ausgerichtet auf Zweck und Nützlichkeit. Je mehr wir in den Sog der Nützlichkeit geraten, umso mehr entfernt sich der Sinn. Wer ausschließlich zweckorientiert lebt, wird bald die innere Leere spüren. Die steigenden Zahlen der Menschen, die vom Symptom des Burn-out betroffen sind, basieren nicht auf einem Zuviel an Arbeit, sondern auf einem Zuviel jener Leistung, welche ausschließlich auf Zwecke ausgerichtet ist und den Sinn nicht mehr kennt. Der Sinn ist im Geheimnis des Lebens verborgen und es braucht Zeit und Hinwendung, um ihn aufzuspüren.

Fünf Minuten Lebenskunst

Das Leben ist nicht ein Problem, das gelöst, sondern ein Geheimnis, das gelebt werden muss.

Thomas Merton

- Gibt es eine Sehnsucht, die in mir schlummert?
- Auch wenn mir spontan nichts einfällt, stelle ich mir die Frage immer wieder einmal. Vielleicht taucht – gerade dann, wenn ich es nicht vermute – etwas in mir auf.
- Bevor das »aufgetauchte Geheimnis« wieder abtaucht, spüre ich nach, worin ich authentisch bin: Indem ich mich der Sehnsucht widme oder vielleicht erkenne, dass die Sehnsucht eine Fata Morgana war?

Zwischen Lethargie und Leidenschaft

Kennen Sie das Gefühl, aufzuwachen mit einem Gedanken, der einem wirklich gut gefällt, ja der einen richtig beschwingt und freut?
Mir ging es vor kurzem wieder einmal so: Unter der Dusche malte ich mir aus, wie ich den Gedanken, schwimmen zu gehen, in die Tat umsetze. Ich schwimme für mein Leben gerne. Nach dem Frühstück wollte ich nur schnell dies und jenes erledigen. Eine innere Stimme flüsterte, dass ich mich doch viel wohler fühle, wenn ich endlich meinen Schreibtisch aufräumen würde. Der belebende Gedanke an das Schwimmen tauchte während des Tages noch einige Male auf, doch das Unkraut des Alltäglichen überwucherte ihn fröhlich, wie die Hecke im Märchen vom Dornröschen. Leider bin ich keinem Prinzen begegnet, der diese morgendlich belebende Idee wach geküsst hätte.
Was war geschehen: Der Alltag und vermeintliche Notwendigkeiten haben die Möglichkeiten, das Lebendige erstickt und ich fand mich zu schnell im gewohnten Alltagstrott wieder.
Kennen Sie diesen Zustand auch?
Haben Sie auch Ideen, die nicht einmal so lange leben wie Eintagsfliegen?
Sollten Sie dieses Phänomen nicht kennen, dann geschieht in Ihrem Hirn Folgendes: Das, was Sie jetzt lesen, ist für Sie

fremd. In Kürze werden Sie sich langweilen und sich über das Buch ärgern. Für jene Dinge, die uns fremd sind – so die Hirnforscher –, haben wir keine Anknüpfmöglichkeiten in unserem Gehirn.

Die andere Variante: Das, was die schreibt, kenne ich auch, das ist doch logisch. Wieso verliert die überhaupt über Gefühle so viele Worte? Wenn Sie mit dieser Variante übereinstimmen, können Sie das Buch weiterschenken.

Die spannende dritte Variante ist, das Gelesene ist Ihnen irgendwie vertraut. Sie spüren eine angenehme Spannung, Interesse oder Neugier. Einiges in Ihnen ist in Schwingung gekommen, woran Sie anknüpfen können, und dann passiert das AHA-Erlebnis. »Ich habe das auch gewusst, aber es war mir nicht bewusst.«

Wofür brauchen wir Leidenschaft?

Die Erkenntnis, dass wir uns danach sehnen, sinnvoll zu leben, taucht meistens dann auf, wenn es uns nicht so gut geht. Für sinnvolles Leben gibt es kein Rezept – nur Wege, über die Sinn erfahren werden kann. Sinn erleben wir, indem wir Werte verwirklichen, meint Viktor E. Frankl. Was sind eigentlich Werte? Viktor E. Frankl beschreibt drei Kategorien von Werten: Schöpferische Werte, Erlebniswerte und Einstellungswerte.

Zur Verwirklichung von schöpferischen Werten im Alltag, wie unsere Arbeit, ein Musikinstrument spielen, einen Brief oder Tagebuch schreiben, braucht es zumindest einen Funken von Leidenschaft. Um Erlebnisse wie ein

Konzert oder eine Radtour mit Freunden initiieren und dann auch genießen zu können, ist Leidenschaft absolut notwendig, sonst versinken wir in der Selbstverständlichkeit von Gewohnheiten und bald darauf breitet sich Langeweile aus.
Einstellungswerte fordern unsere Leidenschaft zum Leben heraus und stellen uns auf eine harte Probe. Einstellungswerte sind immer dann gefragt, wenn wir weder schöpferisch tätig sein können noch die Möglichkeit haben, ein Erlebnis zu genießen.
Passivität und Leidenschaftslosigkeit schleichen sich ganz schnell ein, beispielsweise wenn Ihnen Menschen begegnen, die Sie warnen: »Schau auf dich! – Schon dich!« Im ersten Augenblick tut uns dieses Mitgefühl gut. Dann kommt der Moment, in dem in unserem Gehirn folgende Gedankenkette abläuft: Der Hinweis, auf unser Wohlbefinden zu schauen, ruft in uns jede Menge Erinnerungen an Erlebnisse wach, in denen wir nicht so gut mit uns umgegangen sind. Natürlich geben wir der Warnung sofort Recht. Nur was meint er oder sie mit Schonung? Gar nichts tun? Auf den ersten Blick ein verlockender Gedanke und ganz schnell spüren im Gehirn die Nervenzellen für Bequemlichkeit und Lethargie neue Wege. Dabei finden sie auch vorhandene Wege und treten sie immer breiter – bis wir dann auf der Autobahn der Teilnahmslosigkeit und Interesselosigkeit ungehindert dahinfahren und im Selbstmitleid versinken. Selbstmitleid ist die Illusion, dass jemand anderer kommt und uns die Verantwortung für uns selbst und unser Tun oder uns das Ja zum Leben abnimmt. Teilnahmslosigkeit und Interesselosigkeit führen zum Verlust der Handlungsfähigkeit und in der Folge landen wir in erlernter Hilflosigkeit.

Denn die Strategien der Beschwichtigung haben wir gelernt. Diesen Strategien fehlt der Weitblick. Strategien kennen nämlich nur ein Muster: »Wenn ... dann«. Wenn du zu viel tust, dann kommst du zu kurz. Kaum etwas ist in unserer Wohlstandsgesellschaft verbreiteter als die Angst, zu kurz zu kommen. Hier geht es jetzt nicht um das materielle Zu-kurz-Kommen. Es sind mehr die Bedenken, dass wir aufgrund unseres Engagements enttäuscht und in der Folge bemitleidet werden.

Ich persönlich lasse mich, bevor mich das Selbstmitleid in den Griff kriegt, von Büchern oder von Musik inspirieren, wie sie zum Beispiel von Nikolaus Harnoncourt dirigiert wird. Keine ausgetretenen Pfade, keine bewährten Rezepte, kein Repertoire, das kurzfristig abrufbar ist. Es muss Neuland betreten werden mit jedem Projekt.

Fünf Minuten Lebenskunst

Geh nicht nur die glatten Straßen, geh Wege,
die noch niemand ging, damit du Spuren hinterlässt
und nicht nur Staub.

Antoine de Saint-Exupéry

- Welche Menschen fallen mir ein, die mich ermutigt haben?
- Wo lasse ich mich auf Neues ein?
- Kann ich ausgetretene Pfade und bewährte Rezepte verlassen?
- Ich versuche die Lebenskunst für fünf Minuten. Falls mir nicht sofort jemand einfällt, der mich ermutigt hat, probiere ich es morgen und übermorgen wieder.

Zur Lethargie des Alltags tragen falsche Werte bei, und die haben keinen Kern. Der Kern eines Wertes ist seine Kostbarkeit und manchmal ist das Kostbare mit der Herausforderung an uns selbst verbunden. Werte ohne Kern sind wie ein Luftballon. Während wir den Luftballon anschauen, landet er auf einem spitzen Gegenstand und platzt.
Echte Werte fordern uns heraus und lassen uns auch nicht so schnell los und dafür brauchen wir Leidenschaft. Überhaupt verlangt alles Echte ein gewisses Maß an Begeisterung. Das beginnt schon beim Kochen. Wirklich kreativ und gut kochen Menschen, die ihre Leidenschaft leben. Leidenschaft überdauert das Allzu-Selbstverständliche und Gewohnte. Leidenschaft lässt sich nicht so schnell beirren – vor allem nicht von auftauchenden Hindernissen. Leidenschaft ist nicht messbar, aber spürbar.
Zum Beispiel kann ich Kartoffeln schälen, weil ich muss oder weil ich mag. Ich kann lesen, weil ich muss, oder mich einem Text widmen, weil ich mag.
Ob es die Zubereitung einer Kartoffelsuppe ist oder ob es ein Text ist, den man sich erarbeitet, der Unterschied liegt nicht in der Kartoffel oder im Text. Der Unterschied besteht zwischen oberflächlichem und leidenschaftlichem Tun.

Von der Leidenschaft zum Fanatismus

Es kann geschehen, dass ein Mensch von einer Lehre so fasziniert ist, dass er viel Mühe einsetzt, andere für die Lehre zu begeistern. Je mehr wir andere begeistern wollen, umso mehr warten wir auf deren begeisterte Reaktionen. In diesem übertriebenen Engagement verlieren wir den eigentlichen Wert, die gute Sache, um die es geht, aus den Augen. Die anfängliche Begeisterung hat sich in Fanatismus verwandelt.

Woran erkennen wir die Verwandlung? Der Fanatiker hat nicht mehr die gute Sache im Blick, sondern die Sache hat ihn im Griff. Das Dumme dabei ist, dass der Fanatiker selbst es nicht mehr fühlt, dass sich seine Begeisterung in Fanatismus verwandelt hat. Wir als Außenstehende nehmen dies meist eher wahr. Mit dem Virus Fanatismus können wir uns alle infizieren. Der Fanatismus ist die Begeisterung, die von allen guten Geistern verlassen wurde. Fanatiker nehmen alles sehr ernst. Kaum etwas kann sie so erzürnen wie das Lächerlich-Machen dessen, was doch »heilig« ist. Fanatismus lebt vom Pathos, große Worte sind wichtig – Humor und Witz bringen den Fanatiker dagegen zur Raserei. Reagieren wir mit Humor in einer Auseinandersetzung mit Fanatikern, bleiben sie todernst und in der Folge wird ihre Verbissenheit sicherlich offenkundig.

Die Mühe mag die Leidenschaft

Leidenschaft bedeutet nicht, dass wir immer gut drauf sind. Leidenschaft heißt nicht, Werte, die uns am Herzen liegen, immer bedingungslos zu mögen. Es gehört zur Lebenskunst, die Begeisterung, die Leidenschaft für etwas, das uns am Herzen liegt, nicht zu begraben, wenn es schwierig wird. Die »Schrittmacher« konfrontieren uns mit Werten und Sinn. Man könnte sagen, sie bieten sie unserem Willen zum Sinn an. Die »Ruhestifter« hingegen versuchen, uns die Bürde jeder möglichen Sinnkonfrontierung abzunehmen, wie dies Viktor E. Frankl formuliert hat. Wahrscheinlich haben Ruhestifter zu allen Zeiten Hochsaison. Umso wichtiger ist es, dass wir Menschen begegnen, die uns ermutigen und uns bestärken, wenn uns etwas nicht gelingt. Wir brauchen Menschen, die uns erzählen, wie sehr sie sich bemüht haben, um etwas zu erreichen. Reinhard Mey schildert in *Was ich noch zu sagen hätte* wie er sein Lampenfieber bekämpft:

> Ich versuche, mir meine Erfahrungswerte aus der Vergangenheit bewusst zu machen, das ist das Gerüst, das ich mir gebe, das mich hält, sonst würde ich total zusammenklappen ... Das Lampenfieber fängt so zwischen 15 und 16 Uhr an und steigert sich bis 20.00 Uhr. Ab 18.00 Uhr schließe ich mich in der Garderobe ein, da mach ich Funkstille und spiel einmal das ganze Programm durch, jeden Abend, einfach um mir Sicherheit zu geben, mir sicher zu sein, und wohl auch, um das Lampenfieber zu bekämpfen. Und es ist auch gut für mich, wenn ich in Aktion bleibe. Ich spiele also jeden Tag mein Konzert zweimal. Das hat auch was Technisches. Ich spiele also jeden Tag auf neuen Saiten. Und so spiele ich die Saiten für den Abend schon ein, sodass ich nachher keine Probleme mit dem Stimmen habe.

Was wir in ähnlichen Situationen dringender brauchen als Wissen, ist Vertrauen. Vertrauen zu uns selbst, Vertrauen in andere und das Vertrauen, dass es gut wird.
Was wir brauchen, sind Freunde und die Bereitschaft, Freundschaften zu pflegen. Zur Fähigkeit, Freundschaft zu pflegen, gehört wesentlich, dass wir nicht nur dann anrufen, wenn wir etwas brauchen. Freundschaft wird belebt

durch Aufmerksamkeit und sichtbare Zeichen von Dankbarkeit. Die sichtbaren Zeichen müssen überhaupt keinen hohen materiellen Wert haben: eine Karte mit einem ermutigenden Spruch, ein Mail ohne Grund, einfach um einen schönen Tag zu wünschen oder ein Telefonanruf, um zu sagen: »Wie froh bin ich, dass es dich gibt!« Wesentlich für Freundschaft ist, dass wir uns gegenseitig nicht schonen. Muten wir einander zu, dass uns das Leben manchmal mehr abverlangt, als wir im ersten Augenblick gedacht haben. Leidenschaftlich leben bedeutet nicht so tun als ob. Es gehört viel Mut dazu, uns einem anderen zuzumuten, besonders wenn wir empfinden, dass wir eine Zumutung sind. Wenn wir aufhören, uns besser zu machen, als wir sind, können wir einander begegnen.

Jahrhundertlied

Sollte ich es einmal schaffen
neben dir bei mir zu bleiben
ohne mich verschließen zu müssen
dann werde ich zu dir gehen können
ohne Furcht

Sollte ich es einmal schaffen
neben dir unbeirrbar zu sein
ohne um mich schlagen zu müssen
dann werde ich dich umarmen können
ohne Traurigkeit

Sollte ich es einmal schaffen
neben dir mich selbst zu achten
ohne mich behaupten zu müssen
dann werde ich dich lieben können
ohne Schatten

ERIKA PLUHAR[2]

Von der Selbstverständlichkeit des Unbewussten

In uns Menschen schlummert – wenn auch nicht immer bewusst – eine Art Lebenswissen. In vielen Alltagssituationen handeln wir intuitiv aus dem Bauch heraus. Ohne viel nachzudenken, treffen wir wesentliche Entscheidungen. Es gibt Tage im Leben, da fällt das Denken und Überlegen schon bei Kleinigkeiten schwer. Es ist, als ob der Zugang zum Gespür verschüttet ist. In solchen Situationen tut es gut zu wissen, dass es Menschen gibt, die diese schwierigen Tage kennen.

»In mir gibt es einen ganz tiefen Brunnen. Und darin ist Gott. Manchmal ist er für mich erreichbar. Aber oft liegen Steine und Geröll auf dem Brunnen.« Was Etty Hillesum (*Das denkende Herz*) mit Gott beschreibt, ist das Leben. *Gott* und *Leben* ist identisch. Viele Menschen haben ein Bild von Gott als dem Richter über Gut und Böse. Die Grundlage, auf der dieser göttliche Richter urteilen soll, ist allerdings in den meisten Fällen eine menschliche. Sobald Normen, Gebote und Befehle zur Grundlage des eigenen Lebens geworden sind, hat es das Leben schwer. Welche Norm erlaubt Lebendigkeit? Welches Gebot verbietet: »Du sollst nicht verbittert sein?« Und wo steht der Befehl: »Du sollst lachen, wenn dir nichts mehr einfällt!« Natürlich

kann niemand Gefühle befehlen und es nützt auch nichts, Willensstärke von sich selbst zu verlangen.
Franz Kreuzer befragte vor einigen Jahren Viktor E. Frankl über das Wesentliche.

> *Franz Kreuzer:* Kann man festhalten, was denn dieses Wesentliche ist? Der Blick hinunter ins Unbewusste?
>
> *Viktor E. Frankl:* Genau. Das Wesentliche, würde ich sagen, ist das Bewusstmachen von Unbewusstem. Nur müssen wir uns auch dessen bewusst bleiben, dass letzten Endes wieder ein Unbewusstwerden folgen muss. Der Mensch muss sich gewisser Dinge bewusst werden, aus Gründen der Heilung, um sie aber am Schluss wieder hinabsinken zu lassen in die Unbewusstheit, in die Selbstverständlichkeit seiner Lebensvollzüge.
>
> (aus: Viktor E. Frankl. u.a., IM ANFANG WAR DER SINN, S. 12)

Das »unbewusste Geschenk Leben« begleitet uns ständig. Das *Un*bewusste hat wenig mit dem Unterbewusstsein zu tun. Unterbewusst haben wir uns verschiedene Tätigkeiten angeeignet, beispielsweise Autofahren. Wer schon längere Zeit seinen Führerschein hat und viel fährt, schaltet vom zweiten auf den dritten Gang unterbewusst. Zum Schalten braucht sich unser Hirn nicht anzustrengen. Untersuchungen haben gezeigt, dass das Hirn des Beifahrers mehr beansprucht ist als jenes des Autolenkers selbst.
Und noch ein Beispiel für das Unterbewusste. Beim Kochen einer Speise, die wir gut kennen, sind uns viele Handgriffe so vertraut, dass wir dabei mit unseren Gedanken ganz woanders sind. Ins Bewusste zurück holt uns ein Fehlgriff unserer Hand. Wenn wir zum Beispiel statt Salz Zucker verwendet haben.

Freiheit wozu?

Manche verwechseln Freiheit mit Frechheit

Es ist gut, dass wir in einer Zeit leben, in der die Freiheit des Menschen über vieles gestellt wird. Sehen wir jedoch genauer hin, entdecken wir, dass jene Freiheit, die propagiert wird, eher einem totalen Positivismus entspricht und sich tatsächlich nur mit der Oberfläche der Dinge beschäftigt. Bedenklich wird es, wenn Freiheit mit Frechheit verwechselt und organisierte Nichtverantwortung als erstrebenswert vermittelt wird.
Vor nicht allzu langer Zeit hatten wir starre traditionelle Gesellschaften. Es gab Regeln und Strukturen, Gebote und Vorgaben. Wenn Generationen vor uns eine Zeit erlebten, in der alles verboten war, was nicht direkt erlaubt war, so leben wir heute in einer Zeit, in der alles erlaubt ist, auch wenn es verboten ist.
Keineswegs sollen die alten Gesellschaftsformen im Licht der Vergangenheitsverklärung erstrebenswert erscheinen. Gerade in der »Struwelpeter Pädagogik« haben viele Menschen reichlich Leid erfahren und aus Selbstschutz den Zugang zu ihrem Gespür verschlossen. Daher ist es gut, dass diese Regeln aufgebrochen worden sind und dann nach neuen Möglichkeiten gesucht wurde. Die alten Strukturen

sind im Pluralismus verschwunden und die Sehnsucht nach dem Individuellen wurde immer stärker. Werte haben sich geändert und es sind Gesellschaften entstanden, in denen die Menschen spüren, dass Strukturen fehlen. Strukturen geben nämlich auch Halt und vielleicht wünschen sich deshalb einige, dass man die Freiheit einschränken soll. Manche sehnen sich zurück in diese alten Strukturen. Doch sie sind nur im Rückblick gut und es wäre alles andere als wünschenswert, wenn ein intolerantes Befehlssystem den Wert der Freiheit ersetzen würde.

Wir brauchen unsere Freiheit, um uns von unserem Gespür berühren zu lassen und nicht nur Normen, Regeln und Gebote ernst zu nehmen.

Freiheit bedeutet nicht, dass jederzeit alles möglich ist. Freiheit ist heute fast zu einer Ideologie geworden nach dem Motto: »Nix ist fix.« Das ist jedoch nicht mehr Freiheit, sondern Willkür. Wer sich alle Möglichkeiten offen lässt, wer glaubt, dass er überall sein kann und nichts versäumt, wird mittendrin sein und ist nirgends wirklich dabei. Wer überall dabei sein will, ist nirgends anwesend. Im Wort »anwesend« ist das Wesen verborgen. Das Wesen des Menschen, die Person – wie Frankl dies bezeichnet –, ist frei. Doch der Mensch ist nicht frei *von* etwas, sondern frei *zu* etwas. Er ist frei zur Verantwortung in den vielen Situationen, die auf ihn zukommen.

Wir leben heute, wenigstens in der westlichen Welt, in einer Zeit der unbegrenzten Möglichkeiten. Die technischen Errungenschaften führen unser Denken in einen Anspruch von All-Machbarkeit. Eine Machbarkeit, die vor nichts mehr Halt macht, ist jedoch eine destruktive Kraft. Allerdings sind es nicht die technischen Möglichkeiten, die destruktiv sind, sondern die geistige Verfassung ist entscheidend. Erst das Verneinen einer höheren Macht hat die totalitäre Macht des Menschen ausufern lassen. Viele haben vergessen, dass nicht alles menschlich möglich ist, was technisch machbar ist.

Mit der Idee der Machbarkeit ist eine Eigenschaft eng verbunden: die Halbherzigkeit. Jemand nimmt eine Einladung an, weil er es versprochen hat, aber mit den Gedanken ist er anderswo. Um nur ja nichts zu versäumen, greifen manche Menschen zu einem Trick und der heißt *Gleichzeitigkeit.* Wer sich richtig in ein Buch vertiefen möchte, kann nebenbei nicht Musik hören. Die Gleichzeitigkeit bewirkt, dass Zuhören nur mehr mit einem halben Ohr möglich ist. Zum Beispiel: Das Läuten des Telefons stoppt ein Gespräch von zwei Menschen. Während eine Person telefoniert, bedient sie sich zur gleichen Zeit der Zeichensprache und versucht mit feurigen Blicken seinem Gegenüber, das stumm vor ihm sitzt, etwas Dringendes mitzuteilen. Die Folge davon sind nicht nur Missverständnisse mit demjenigen, den die telefonierende Person sieht, aber nicht hört, sondern auch beim anderen, den sie hört, aber nicht sieht, taucht ein leises Unbehagen auf. Das Leben meldet sich manchmal in leisem Unbehagen und in dem unangenehmen Gefühl, dass wir etwas versäumt hätten. Das Gefühl hat Recht. Der Verstand kann uns noch so plausibel erklären, dass beides geht. Angeblich müssen wir uns nur richtig organisieren. Das Leben meldet sich im Gespür zu Wort und warnt uns. Aber die leisen Warnungen des Empfindens werden ziemlich oft von rationalen Vorstellungen übertönt.

Freiheit bedeutet, dass wir das, was in der Vorstellung existiert, aufgeben können. Wir sind nicht so frei, wie die Werbung verkündet. Wir sind nicht frei von Zeit und

Raum und auch nicht von der Verantwortung dem Lebendigen, dem Gespür gegenüber. Das Gefühl meldet leise und manchmal lauter, dass etwas nicht stimmt. Hat jemand den Mut und erlaubt es seinem Gespür, sich zu Wort zu melden, dann muss er damit rechnen, als ewiggestrig abgestempelt oder beschwichtigt zu werden. Als ob Gefühle zu zeigen antiquiert und altmodisch sei. Auf nichts wird heute mehr Wert gelegt als auf die Fähigkeit, sich nicht berühren zu lassen. Was daraus entsteht, ist unerträgliche Oberflächlichkeit, mangelnde Begeisterungsfähigkeit und der Verlust der Bereitschaft, sich für die Würde des Menschen einzusetzen.

Wir werden tagtäglich mit Schreckensmeldungen konfrontiert. Ein wirksames Mittel gegen die Gruselpropaganda am Morgen wäre, keine Zeitung zu lesen und keine Nachrichten zu hören und sich auf diese Weise seiner Freiheit zu bedienen. Tagtäglich werden wir mit schlimmen Meldungen konfrontiert. Was dann entsteht, ist entweder eine besondere Art von Gleichgültigkeit oder eine allgemeine Ratlosigkeit.

Mich nach der Zukunft des Zeitungslesens zu befragen, entbehrt nicht einer gewissen Ironie. Bin ich doch jemand, der seit einigen Jahren regelmäßiges Lesen von Tageszeitungen und Wochenzeitschriften bewusst aufgegeben hat. Und das – es sei hinzugefügt –, ohne an Informationsmangel zu leiden. Ich habe erkannt, dass die Fülle diverser Informationen mir den Blick auf das Wesentliche trübt.

(aus: Erika Pluhar, *Der Fisch lernt fliegen*)

Mensch, alles außer dir, das gibt dir keinen Wert.
Das Kleid macht nicht den Mann,
der Sattel macht kein Pferd.

Angelus Silesius

- Ich beginne meinen Tag mit Gedanken, die mich ansprechen und mich wärmen.
- Zum Frühstück lese ich statt der Zeitung heitere Gedichte oder besinnliche Aphorismen.
- Sollte mir ein Gedicht besonders gut gefallen, versuche ich es auswendig zu lernen, dann habe ich es »inwendig«.

Ich wälze nicht schwere Probleme
und spreche nicht über die Zeit.
Ich weiß nicht, wohin ich dann käme,
ich weiß nur, ich käme nicht weit.

HEINZ ERHARDT[3]

Ein Mensch erhofft sich fromm und still,
dass er einst das kriegt, was er will.
Bis er dann doch dem Wahn erliegt
und schließlich das will, was er kriegt.

EUGEN ROTH

So wie Menschen, denen ihr körperliches Wohlbefinden am Herzen liegt, etwas für ihren Körper tun, sollten wir täglich etwas für die Heiterkeit unserer Seele unternehmen. Wir brauchen nicht nur *Aus*bildung, sondern auch *In*bildung. Unbeliebte Normen und verloren gegangene Strukturen zwingen uns, Halt gebende Strukturen in uns selbst zu entwickeln. Halt gebende innere Strukturen entwickeln sich nicht auf Knopfdruck. Wir brauchen zu dieser Entwicklung täglich Zeit. Der Hirnforscher Gerald Hüther schildert den Zustand, in dem wir uns befinden: »Es geht uns ähnlich wie einem Insekt, dem man plötzlich das Außenskelett wegnimmt, dann fließt es sozusagen auseinander. Was jetzt gebraucht wird, ist, dass wir alle so etwas entwickeln wie ein Innenskelett. Etwas Inneres, was uns Halt gibt, wenn das Äußere nicht mehr Halt gebend ist.« Strukturen sind nicht nur belastend, sie geben auch Halt. Allerdings sind wir jetzt in einem Dilemma. Vielen Menschen fehlt heute etwas Innerliches, das Halt gibt. Vertrauen in unsere eigenen Fähigkeiten reicht nicht aus. Das Leben bietet uns jedoch einige Variationen von Vertrauen: Urvertrauen in das Leben selbst, das wir in jedem Atemzug und bei jedem Schritt spüren können. Vertrauen in andere Menschen als Bereicherung und schließlich das Vertrauen auf unser Gespür, auf unseren inneren Reichtum, an den wir uns zurückerinnern können, wenn wir ihn einmal vergessen haben.

Dialog mit dem Leben

Der Dialog mit dem Leben ist der Dialog mit unserem Gespür. Das innere Gespür ist das Lebendige in uns. Im Außen begegnen wir der häufig starren Welt, in der wir den Anspruch erleben, möglichst unlebendig funktionieren zu müssen. Die äußere Welt nehmen wir bewusst wahr. Demgegenüber hat es unser Innerstes, unser Unbewusstes wesentlich schwerer, Aufmerksamkeit zu erregen. Es kommt vor, dass in der äußeren Welt alles funktioniert und die innere Lebendigkeit auf der Strecke bleibt. Im Funktionieren und in der Anpassung zusammen mit dem Streben nach Anerkennung bleibt der Dialog mit dem Leben auf der Strecke.

Die Frage ist, wie finde ich den Dialog mit dem Leben in mir?

Entspricht das, was ich in mir finde, den Vorstellungen der anderen, wie ich zu sein hätte?

Wie bin ich mir gewiss, dass ich im Dialog mit dem Leben bin, anstatt eine Vorstellung, wie Leben sein soll, zu verwirklichen?

Kenne ich den Zustand von Selbstgewissheit? Kann ich dem Leben trauen und bin ich mir gewiss, obwohl ich vielleicht nicht der gängigen Meinung entspreche?

Viktor E. Frankl hat in seiner *Ärztlichen Seelsorge* einen

wunderbaren Text geschrieben, der für den Dialog mit dem Leben eine gute Basis ist. »Solange Furcht vor Strafe, Hoffnung auf Lohn oder der Wunsch, anderen zu gefallen, menschliches Verhalten bestimmen, ist das wirkliche Gewissen noch gar nicht zu Wort gekommen.«

Mit dem Begriff Gewissen verbinden wir nicht die gängige Moral. Gewissensbisse haben demnach nichts mit den Ansprüchen zu tun, die gefordert werden. Das Gewissen beißt uns, wenn wir auf das Leben vergessen. Viktor E. Frankl bezeichnet das Gewissen als den unbewussten Gott, jene Instanz des Lebens, die uns auf der Suche nach Sinn leitet. Sinn können wir jedoch niemals von außen verordnen, sondern nur *leben*.

Der Dialog mit dem Leben ist meistens sehr leise. Die Vorstellung von »leise« ist unterschiedlich. Für den einen ist es »leise«, wenn kein Radio und kein Fernseher ungefragt Meldungen von sich geben, für die anderen ist es »leise«, obwohl im Hintergrund Musik zu hören ist. Niemals werden alle Menschen den Dialog mit dem Leben auf die gleiche Art und Weise suchen.

Es ist schwierig zu beschreiben, wie der Dialog mit dem Leben gelingen könnte. Leichter ist es, das innere Empfinden zu schildern, über das spürbar wird: Wir sind mitten im Leben. Das Leben meldet sich im Gespür und es wärmt, stärkt und warnt uns. Das Leben meldet sich nicht nur in den so genannten guten Gefühlen, in der Freude und in der Fröhlichkeit.

> Nenne keine Empfindung klein, keine Empfindung unwürdig!
> Gut, sehr gut ist jede, auch der Hass, auch der Neid, auch die Eifersucht, auch die Grausamkeit. Von nichts anderem leben wir als von unseren armen, schönen, herrlichen Gefühlen, und jedes, dem wir unrecht tun, ist ein Stern, den wir auslöschen.
>
> HERMANN HESSE

Hermann Hesse beschreibt, dass unsere Gefühle schön und herrlich sind. Je tiefer wir fühlen, umso weniger können wir das Gespür beeinflussen oder herstellen. Je tiefer wir fühlen, umso dauerhafter und nachhaltiger bleibt uns das Gespür treu. Das schöne Wetter allein stimmt uns nicht fröhlich, wenn in uns die Traurigkeit das Sagen hat. Es gibt eine tiefe Traurigkeit als Ausdruck einer intensiven Lebendigkeit. Je tiefer das Gefühl ist, umso mehr ergreift es den ganzen Menschen und umso mehr sehnt man sich nach anderen Menschen. Ein Mensch, der sich in seinem Gespür geborgen weiß, versucht nicht die Bedingungen im Außen verbissen zu verändern. Ein Mensch, der dieses Gespür kennt, kann lebendig bleiben trotz Enttäuschungen und Verletzungen und ohne am Leben zu verzweifeln. In den meisten Fällen verzweifeln Menschen an den Vorstellungen, die sie sich vom Leben gemacht haben. Das Leben selbst mutet uns nichts zu, was wir nicht bewältigen können – auch wenn es schwierig oder schwer ist.
In der Dimension des Gespürs geht es nicht mehr um gewusst wie, sondern um die Sprache des Herzens. Wo das Herz glüht, braucht der Verstand nicht zu glänzen. Es mag sein, dass wir in Situationen geraten, wo wir mit glühen-

dem Herzen zum Gespött der Leute werden, weil wir unseren eigenen Weg gehen. Unsere Weltgeschichte ist voll von Menschen, die bekämpft wurden, weil sie ihren eigenen Weg gegangen sind. Martin Luther King versuchte in den Sechzigerjahren des letzten Jahrhunderts seinen Traum zu leben. Er bezahlte ihn mit einem gewaltsamen Tod und die Verwirklichung seines Traumes hat er nicht mehr erlebt. Vor fünfzig Jahren war es undenkbar, dass Farbige dieselbe Schule wie Weiße besuchen. Und heute? Heute können Farbige bis in die höchsten Ämter der Regierung aufsteigen. Václav Havel blieb im Gefängnis in der damaligen Tschechoslowakei, obwohl er ein Visum hatte und ausreisen konnte. Er hat seine Freiheit für die Freiheit seines Landes und seiner Mitmenschen eingesetzt.

Auf dem Weg zum inneren Halt brauchen wir Vorbilder. Aber nicht, um fanatisch für eine Ideologie zu kämpfen, sondern um in unserem alltäglichen Leben das Trotzdem zu leben. Das Standhalten gegen eine Welt, die es mit dem Leben und der Erde nicht gut meint. Es ist schade, dass Sensationen oft mehr Aufmerksamkeit geschenkt wird, als dem persönlichen Engagement vieler Menschen.

Konkurrenzdenken ist am wenigsten geeignet, inneren Halt zu spüren. Wenige Menschen sind sich über den enormen Preis im Klaren, den sie dem Streben opfern, besser als andere zu sein. Nichts scheint verbissener verfolgt zu werden als das Bemühen, besser zu werden, mehr zu werden und mehr erreichen zu müssen als andere. Andernfalls besteht die Gefahr, nicht als tüchtig, sondern als Versager beurteilt zu werden. Aber jedem Menschen, der seinen übertriebenen Ehrgeiz befriedigen kann, sozial, beruflich oder sportlich, stehen buchstäblich Tausende gegenüber, die keine Chance haben, sich wichtig und bedeutungsvoll zu fühlen. Viele geben auf oder bleiben auf der Strecke. Die meisten Fehlschläge sind das Ergebnis permanenter Entmutigung. Entmutigung erleben wir, wenn die eigenen Fähigkeiten nicht unserem Idealbild entsprechen. Die Forderungen von außen und der Anspruch von innen können den Dialog mit dem Leben verhindern.

Kein Grund für Rivalität und Konkurrenzdenken muss Verschiedenheit sein. Keine zwei Menschen sind gleich, mag die Liebe noch so groß und die Seelenverwandtschaft noch so tief sein. Der Sinn von Gemeinschaft liegt nicht im Aufgeben dessen, was uns auszeichnet, einzigartig und einmalig zu sein. Die Lebendigkeit von Gemeinschaft und Beziehung liegt auch nicht im Verzicht darauf, was dem Einzelnen am Herzen liegt. Der Sinn von Gemeinschaft liegt in der Vielfalt der Fähigkeiten, im Zusammenspiel der Ergänzungen und im Erkennen, dass Menschen nicht auf der Welt sind, um eine Vielzahl von Einsiedeleien zu gründen.

Der Irrtum, dass wir leichter leben, wenn wir uns nicht binden, prägt derzeit das soziale Gefüge in den Industrieländern. Die Sehnsucht, tun und lassen zu können, was wir wollen, führt zu einer steigenden Zahl von Menschen, die alleine leben. Trotzdem brauchen wir Menschen, mit denen wir uns verstehen, mit denen wir reden und auch streiten können. Und solange wir einander trotz unserer Unzulänglichkeiten begegnen, sind wir beziehungsfähig. Solange wir berührbar sind, bleiben wir im Dialog mit dem Lebendigen.

Auf der Basis unseres Wissens verfügen wir über Begründungen und Argumente, mit denen wir Betroffenheit und andere unangenehme Gefühle verscheuchen. Wir rechtfertigen unser Verhalten mit Stress und betonen, dass wir endlich auf uns schauen müssen. Wenn wir entdecken, dass Wohlwollen uns selbst gegenüber nicht in die ständige Ichbezogenheit führen muss, gelingt es uns, uns von der Individualismusfalle zu befreien. Bindung und Beziehung beleben wir durch Aufmerksamkeit. Unsere Liebesfähigkeit äußert sich natürlich nicht nur in den kleinen Dingen, die uns freuen. Übermäßige und aufdringliche Liebesbeweise können sogar zerstören. Doch der sichtbare Ausdruck in Form einer Karte, dass wir an einen lieben Menschen denken, belebt den Alltag mit Fröhlichkeit.

Fünf Minuten Lebenskunst

Aufmerksamkeit ist das natürliche Gebet der Seele.

Nicolas Malebranche

- Ich überlege, wen ich von meinen Bekannten schon länger nicht angerufen habe. Ich ruf an und frage, wie es ihr/ihm geht.
- Taucht ein Mensch in meinen Gedanken auf, den ich mag, schicke ich ihm eine Karte – ohne besonderen Grund.
- Ich verständige eine Freundin oder einen Freund, dass ich mich mit ihr/ihm treffen möchte, um etwas zu besprechen. Dann sage ich ihr/ihm, wie froh ich bin, dass es sie/ihn gibt.

Ich kann nicht wollen wollen

Denjenigen Schülern, die naiv darauf vertrauten, dass sich nichts erreichen lässt ohne den entschiedenen Willen dazu, konnte der Meister sagen: »Die besten Dinge im Leben können nicht durch Willenskraft Wirklichkeit werden.«

Du kannst mit Willenskraft Essen in deinen Mund stecken, aber nicht mit Willenskraft Appetit bekommen. Du kannst dich mit Willenskraft ins Bett legen, aber nicht mit Willenskraft einschlafen. Du kannst mit Willenskraft jemandem ein Kompliment machen, aber nicht mit Willenskraft Bewunderung wecken. Du kannst mit Willenskraft ein Geheimnis mitteilen, aber nicht mit Willenskraft Vertrauen schaffen. Du kannst mit Willenskraft deinen Dienst erweisen, aber nicht mit Willenskraft Liebe schenken.

ANTHONY DE MELLO[4]

Werte berühren

Welches ist Ihr Lieblingsobst? Erdbeeren oder Pfirsiche? Orangen oder Grapefruit? Solange in den Regalen das Obst nach dem Stand der Jahreszeiten angeboten wurde, ist uns die Entscheidung leichtgefallen. Grapefruit gibt es bei uns –

wenn wir die Jahreszeiten ernst nehmen – im Winter, Erdbeeren im Sommer. Wenn wir nun aber sowohl Erdbeeren als auch Grapefruit mögen, findet sich unser Wollen heutzutage in der Fülle des jahreszeitlich unabhängigen Angebots schwerer zurecht. Die Wahl fällt uns wiederum leichter, wenn wir eines von beiden nicht mögen oder gegen Erdbeeren allergisch sind. Ganz bestimmt entscheiden wir uns für jenes Obst, das wir mögen. Das Einzige, was wir nicht machen können ist, den Geschmack der Grapefruit auch zu mögen. Noch so viele Beweise, dass in einer Grapefruit nahrhafte Vitamine enthalten sind, werden uns nicht überzeugen. Wir lernen schmecken nicht in einem Vortrag oder aufgrund einer Nährwerttabelle.

Unser Geschmack ist etwas ganz Ursprüngliches. Wenn wir gemeinsam das gleiche Gericht genießen, schmeckt es doch jedem anders. Beim Kochen können wir uns bemühen, liebevoll und gut zu kochen, und doch bleibt es dem anderen überlassen, wie es schmeckt. Wir sind verantwortlich für den guten Geschmack, doch ob und wie es dem anderen schmeckt, können wir nicht beeinflussen.

Ebenso wenig wie wir den Geschmack eines Menschen beeinflussen können, sind wir imstande, seinen Glauben zu manipulieren. Woran ein Mensch glaubt oder worauf er vertraut, ist eng mit dem verbunden, was ihn berührt. Wir würden staunen, wie wenig Trennendes Konfessionen haben, wenn wir statt der Dogmen über das Wertvolle, das uns berührt, sprechen würden. Dazu Viktor E. Frankl:

> Glaube, Liebe, Hoffnung lassen sich nicht manipulieren und fabrizieren. Niemand kann sie befehlen. Selbst dem Zugriff des eigenen Willens entziehen sie sich. Ich kann nicht glauben wollen, ich kann nicht lieben wollen, ich kann nicht hoffen *wollen* – und vor allem kann ich nicht

> wollen wollen. Darum ist es müßig, einen Menschen aufzufordern, »den Sinn zu wollen«. An den Willen zum Sinn appellieren, heißt vielmehr den Sinn selbst aufleuchten lassen – und es dem Willen überlassen, ihn zu wollen.
>
> VIKTOR E. FRANKL
> *Ärztliche Seelsorge*

Diese Zeilen sind eine wesentliche Botschaft, die uns Viktor E. Frankl als Geschenk mit auf den Weg gegeben hat. Die Erkenntnis dieser Gedanken könnte sich in Behutsamkeit und Achtsamkeit uns selbst und anderen gegenüber ausdrücken. In dieser Botschaft sind viele Möglichkeiten für uns verborgen und es ist eine lohnende Reise ins eigene Innere. Vielleicht fragen Sie dann: »Was tu ich, wenn ich *wollen* nicht verlangen kann?«
Erinnern Sie sich, wann Sie das letzte Mal begeistert waren? War es ein lieber Mensch, ein guter Film, eine belebende Musik oder die Natur? Es gibt noch vieles mehr, worüber wir uns begeistern können. Die Gründe für unsere Begeisterung bezeichnen wir in der Logotherapie als Wert. Bleiben wir beim Wert der Musik. Musik, egal welcher Art oder Stilrichtung, ist uns allen vertraut. Was der Wert Musik in uns auszulösen vermag, besingt Reinhard Mey in »Welch ein Geschenk ist ein Lied«: Er beschreibt sehr poetisch, was geschieht, wenn ein Ton erklingt. Er erzählt, dass der Raum dann atmen und leben würde und wie alles erschauert und zu schweben beginnt, als wäre es ein Zauber, dem sich nichts und niemand entziehen kann. Und wie eine Melodie den Menschen aus seinen gedanklichen Verstrickungen befreien und die Seele in die Weite führen kann.

Der Zauber, der uns bezwingt, ist der Wert, der uns berührt. Um Musik wirklich hören zu können, brauchen wir Zeit. Entweder legen wir eine CD in den CD-Player, gehen ins Konzert oder machen Hausmusik. Wir müssen uns entschließen, Musik zu hören. In jenem kurzen Moment, in dem uns der Zauber der Musik bezwingt, sind wir ziemlich passiv. Wir hören wohl aktiv zu, doch ob uns die Musik gefällt oder nicht, können wir nicht beeinflussen. Wir können nicht *wollen*, dass uns Klassik oder Jazz gefällt. Berührt uns Musik, überzieht sie uns mit einem leisen Erschauern, und dann kann es sein, dass es wie ein Schweben wird. Nicht jede Musik gefällt uns, und es besteht durchaus auch die Möglichkeit, dass Musik uns auf die Nerven geht. Ahnen Sie, wie unmöglich es ist zu verlangen, dass Sie aktiv wollen sollen, dass Ihnen eine bestimmte Musik gefällt?
Nach der Berührung nehmen wir wahr. Der Übergang zwischen Berührung und Wahrnehmung ist kaum spürbar, doch es ist ein leiser Unterschied da. In der Wahrnehmung sind wir aktiv und auf einmal bemerken wir, wie froh wir sein können, dass wir über unseren Verstand verfügen. Den Verstand brauchen wir in der Phase der Wahrnehmung dringend, damit wir uns aktiv einlassen können auf den Wert, der uns berührt. Was dann gefragt ist, ist unsere Entscheidung. Die Entscheidung zum Ja, zum Musikhören, fällt uns umso leichter, je intensiver uns die Musik berührt hat.

Die Schritte der Wertberührung

Berührung	→	Ich werde berührt
Wahrnehmung	→	Ich nehme wahr
Einlassen	→	Ich lasse mich ein
Entscheidung	→	Ich entscheide mich
Tat	→	Ich verwirkliche den Wert

Dem Leben Freund sein bedeutet, wir sind nicht nur offen für jene Werte, mit welchen das Leben uns überrascht, sondern wir entscheiden, ob wir sie auch verwirklichen. Sinn erleben wir bei einem köstlichen Essen oder in einem wunderbaren Konzert. Sinnerfüllt leben wir, indem wir jene Werte leben und beleben, die unsere Sinne berühren. Freuen wir uns und sind wir unseren Sinnen dankbar für die Fülle, die sie uns schenken! Dankbarkeit bringen wir zum Ausdruck, indem wir bereit sind, für unsere Sinn-Bildung etwas zu tun. Ganz bewusst Musik hören, ohne uns berieseln zu lassen. Ein Buch lesen, das uns herausfordert und uns ganz in Anspruch nimmt. Der Entschluss, sich von Musik, Literatur, Architektur, Malerei und Natur in Anspruch nehmen zu lassen, kommt ausschließlich von uns selbst. Wie intensiv uns letztlich Werte berühren, müssen wir unserem Willen überlassen. Schwierig wird es dort, wo Menschen nicht ahnen, dass das Wollen zu wollen nicht möglich ist.

In einem meiner Seminare, als der Druck des Wollen-Müssens wie so oft in den Seminaren von den Leuten abfällt, fällt einer Teilnehmerin, Erna, spontan ein Erlebnis aus ihrer Schulzeit ein.

> Wie oft habe ich diesen Satz, »Du brauchst nur wollen«, gehört und ich habe die Welt nicht verstanden. Wozu soll ich etwas wollen, was ich überhaupt nicht mag? Ich konnte so gut mit Farben umgehen. Ich mag es, wenn mich die Farben überraschen, wenn sie sich verbinden und eine neue Farbe bilden. Buchstaben können kein neues Wort bilden. Alles ist immer schon da und muss so sein, wie es die anderen wollen. Mir fiel das Schreiben schon immer schwer, deshalb habe ich viel lieber eine Zeichnung gemacht als einen Brief geschrieben. Mein Vater sagte mir, dass meine Tante sich nur über einen Brief freut und mit einer Zeichnung nichts anfangen kann. Als sie das nächste Mal auf Besuch kam, habe ich sie gefragt: »Warum kannst du mit meiner Zeichnung nichts anfangen?« Sie hat gelacht und mir gesagt, dass sie sich immer freut, wenn ich ihr eine Zeichnung schenke. Daraufhin ist mein Vater ganz wütend geworden und hat seiner Schwester vorgeworfen, dass sie ihn bei der Erziehung seiner Tochter behindert.

Der Vater hatte eine bestimmte Vorstellung, wie Erna zu sein hat und was aus ihr werden soll. Wenn er geahnt hätte, dass wollen zu wollen nicht zu verordnen ist, hätte er vielleicht anders gehandelt.
Die Vorstellungen, die wir uns von unseren Partnerinnen und Partnern, unseren Eltern oder unseren Kindern machen, verhindern manchmal, uns wirklich begegnen zu können. Die Vielfalt der menschlichen Fähigkeiten und Möglichkeiten ist wesentlich größer und reichhaltiger als unsere Vorstellungen. Wer festgelegt wird auf ein Bild, das sich die anderen von ihm oder von ihr gemacht haben, lebt fast wie ein Tier im Zoo. Das Tier ist angewiesen auf das

Futter, das man ihm vorsetzt, da es im begrenzten Raum keine Möglichkeit hat, sich selbst etwas zu beschaffen. Lebendigkeit bedeutet: »Ich habe Möglichkeiten! Trotz des Versagens in der Schule habe ich Möglichkeiten.« Viele Menschen ahnen nichts von Möglichkeiten und vegetieren dahin als Kopie, da sie vergessen haben, dass sie als Original geboren wurden. Sie tun das, was die anderen wollen, und verlieren sich selbst.

Der Adler

Ein Mann ging in einen Wald, um nach einem Vogel zu suchen, den er mit nach Hause nehmen konnte. Er fing einen jungen Adler, brachte ihn heim und steckte ihn in den Hühnerhof zu den Hennen, Enten und Truthühnern. Und er gab ihm Hühnerfutter zu fressen, obwohl er ein Adler war, der König der Vögel.

Nach fünf Jahren erhielt der Mann den Besuch eines naturkundigen Mannes. Und als sie miteinander durch den Garten gingen, sagte er: »Dieser Vogel dort ist kein Huhn, er ist ein Adler.«

»Ja«, sagte der Mann, »das stimmt. Aber ich habe ihn zu einem Huhn erzogen. Er ist jetzt kein Adler mehr, sondern ein Huhn, auch wenn seine Flügel drei Meter breit sind.«

»Nein«, sagte der andere. »Er ist noch immer ein Adler, denn er hat das Herz eines Adlers. Und das wird ihn hoch hinauffliegen lassen in die Lüfte.«

»Nein, nein«, sagte der Mann, »er ist jetzt ein richtiges Huhn und wird niemals fliegen.«

Daraufhin beschlossen sie, eine Probe zu machen. Der naturkundige Mann nahm den Adler, hob ihn in die Höhe und sagte beschwörend: »Der du ein Adler bist, der du dem Himmel gehörst und nicht dieser Erde: Breite deine Schwingen aus und fliege!«

Der Adler saß auf der hochgereckten Faust und blickte um sich. Hinter sich sah er die Hühner nach ihren Körnern picken, und er sprang zu ihnen hinunter. Der Mann sagte: »Ich habe dir gesagt, er ist ein Huhn.«

»Nein«, sagte der andere, »er ist ein Adler. Versuche es morgen noch einmal.«

Am anderen Tag stieg er mit dem Adler auf das Dach des Hauses, hob ihn empor und sagte: »Adler, der du ein Adler bist, breite deine Schwingen aus und fliege!« Aber als der Adler wieder die scharrenden Hühner im Hofe erblickte, sprang er abermals zu ihnen hinunter und scharrte mit ihnen.

Da sagte der Mann wieder: »Ich habe dir gesagt, er ist ein Huhn.« – »Nein«, sagte der andere, »er ist ein Adler, und er hat noch immer das Herz eines Adlers. Lass es uns noch ein einziges Mal versuchen; morgen werde ich ihn fliegen lassen.«

Am nächsten Morgen erhob er sich früh, nahm den Adler und brachte ihn hinaus aus der Stadt, weit weg von den Häusern, an den Fuß eines hohen Berges. Die Sonne stieg gerade auf, sie vergoldete den Gipfel des Berges, jede Zinne erstrahlte in der Freude eines wundervollen Morgens. Er hob den Adler und sagte zu ihm: »Adler, du bist ein Adler. Du gehörst dem Himmel und nicht dieser Erde. Breite deine Schwingen aus und fliege!«

Der Adler blickte umher, zitterte, als erfülle ihn neues Leben – aber er flog nicht. Da ließ ihn der naturkundige Mann direkt in die Sonne schauen. Und plötzlich breitete der Adler seine gewaltigen Flügel aus, erhob sich mit dem Schrei eines Adlers, flog höher und kehrte nie wieder zurück. Er war ein Adler, obwohl er wie ein Huhn aufgezogen und gezähmt worden war!

Diese Geschichte stammt aus Afrika – sie endet mit dem Aufruf: Völker Afrikas! Wir sind geschaffen nach dem Ebenbilde Gottes, aber Menschen haben uns gelehrt, wie Hühner zu denken, und noch denken wir, wir seien wirklich Hühner, obwohl wir Adler sind. Breitet eure Schwingen aus und fliegt! Und seid niemals zufrieden mit den hingeworfenen Körnern.

Um ein Bild, das wir uns von einem anderen Menschen gemacht haben, aufgeben zu können, werden wir wohl die Scheuklappen abnehmen müssen, die uns am Weitblick hindern. Damit wir das Wollen-Wollen weder von uns selbst noch von anderen verlangen müssen, brauchen wir den Mut, neue Wege zu gehen. Wege entstehen, indem wir sie gehen, und wenn wir Mut dazu haben, werden wir einige Überraschungen erleben. Vielleicht erfahren wir auch Vertrauen und Geborgenheit und erweitern durch unsere Offenheit unsere Liebesfähigkeit.
Wenn wir lieben, wenn wir wirklich liebesfähig sind, verlangen wir von unserem Gegenüber nicht, dass er dem Bild entspricht, welches wir uns von ihm gemacht haben. Das Bild, das wir uns von unseren Eltern oder Kindern gemacht haben, kann die Beziehungsfähigkeit ein Leben lang stören.

Anna ist 82 Jahre alt und liegt in der Klinik. Sie hat zwei Söhne und drei Enkelkinder. Reinhard, ihr ältester Sohn, kommt nur selten zu Besuch. Er ist Fernfahrer und kaum zu Hause. Anna war nie mit seinem Beruf einverstanden. Marlies von der Klinikseelsorge kennt die Sorge von Anna. Anna klagt sich selbst an, dass sie die Berufswahl ihres Sohnes nicht verhindert hat. Im Gespräch fragt Marlies: »Wie kam Ihr Sohn auf die Idee, LKW-Fahrer zu werden?« Daraufhin beginnt Anna zu erzählen. Sie schildert die Leidenschaft ihres Sohnes für Autos, besonders für Schwerfahrzeuge, und sein Talent, die Riesenbrummer zu lenken. »Ich habe alles darangesetzt, dass er die Handelsakademie macht. Dann hat er doch ein viel feineres Leben. Nach dem Abitur hat er in einer Bank gearbeitet und sich selbst alle Führerscheine gezahlt. Er bekam sofort eine Stelle und seither fährt er durch ganz Europa.«

Marlies fragt, ob Reinhard mit seiner Berufswahl zufrieden ist. Anna antwortet nicht. Marlies wartet. Auf einmal sagt Anna: »Daran habe ich noch nie gedacht. Ich habe immer nur Angst gehabt, und seine Frau ist mit den Kindern viel allein. Aber ob er mit dem Beruf zufrieden ist? Nein, das kann ich mir nicht vorstellen.«

»Haben Sie ihn einmal gefragt?«

»Was?«

»Ob er mit seinem Beruf zufrieden ist?«

»Nein. Glauben Sie wirklich, dass das schön ist, dauernd unterwegs zu sein?«

»Ich weiß es nicht. Ich möchte es nicht, aber vielleicht mag Ihr Sohn es gern.«

»Das wäre doch nicht normal. Alle sind froh, dass sie daheim sind, und er ist dauernd weg.«

Am Wochenende nach dem Gespräch ist Reinhard daheim und besucht seine Mutter. Als er aus dem Zimmer kommt, begegnet er Marlies und ist völlig erstaunt: »Wie haben Sie das geschafft?«

»Was meinen Sie?«

»Sie haben doch meiner Mutter gesagt, dass mir mein Beruf als Fernfahrer gefällt.«

»So habe ich das nicht gesagt. Ich habe sie nur angeregt zu überlegen, ob es nicht sein kann, dass Sie Ihren Beruf mögen.«

»Es ist unglaublich. Dreißig Jahre habe ich versucht, ihr die Freude an meinem Beruf zu vermitteln. Es hatte keinen Sinn. Sie hat mir nur vorgeworfen, dass ich egoistisch sei und mich vor der Verantwortung meiner Familie gegenüber drücke. Und jetzt, wo sie bald stirbt, fragt sie mich, ob ich meinen Beruf mag.«

Zwischen dem Wissen, was richtig ist, und dem Gespür, was wichtig ist, liegen Welten. Die Welt des Wissens entsteht wesentlich durch Messbarkeit, Beweisbarkeit, Berechenbarkeit und der unvermeidlichen Vergleichbarkeit. Wissen

können wir austauschen, über Wissen können wir uns unterhalten. Daher haben viele Menschen die Vorstellung, je mehr jemand weiß, desto mehr hat er zu sagen. Auf diesem Irrtum basiert das Missverständnis, dass Kommunikation wesentlich mit dem »Gewusst wie«, mit einer bestimmten Methode zu tun hat. Methoden sind hilfreich, aber sie ersetzen nie eine liebevolle Haltung. Vor allem ist eine Methode kein Ausgleich für mangelndes Einfühlungsvermögen.
Es gibt Tage, da fragt uns das Leben dermaßen oft und viel, dass wir nicht wissen, wo wir anfangen sollen. Ein kleiner heiterer Trost kann für solche Fälle folgendes Gedicht sein:

> Wenn's dir in Kopf und Herzen schwirrt,
> was willst du Bess'res haben.
> Wer nicht mehr liebt und nicht mehr irrt,
> der lasse sich begraben!
>
> JOHANN WOLFGANG VON GOETHE

Fünf Minuten Lebenskunst

Es geht nicht darum, Grenzen zu verschieben,
sondern Grenzen ihren trennenden Charakter zu nehmen.

Richard von Weizsäcker

- Ich verlange von mir nicht Willensstärke im falschen Moment.
- Ich mache mir bewusst, dass ich mich entscheiden kann schlafen zu gehen. Ich kann mir jedoch nicht befehlen, dass ich einschlafe.

Gefühl und Gespür

»Sei nicht so emotional!« Den Satz haben all jene schon einmal gehört, deren Umfeld sich von Gefühlen bedroht fühlt. »Hast du denn überhaupt kein Gefühl?« Diese Frage als Feststellung kennen die meisten von uns. Manchmal muss ich sie mir selbst stellen, wenn ich mich zeitweise ausschließlich von meinen Vorstellungen leiten lasse.

Wenn wir sagen: »Vertrau auf dein Gefühl!« oder vom »Bauchgefühl« reden, meinen wir einen Bereich in uns, auf den wir uns verlassen können, wo wir ganz zu Hause sind. Es ist unsere menschliche Heimat. Diese Heimat ist unabhängig von Landschaften und unabhängig davon, ob Menschen, die wir lieben, gegenwärtig bei uns sind. Viktor E. Frankl hat dieses unsichtbare menschliche Zuhause die geistige Dimension genannt. Goethe hat diese geistige Dimension in seinem *Faust* beschrieben.

Schau ich nicht Aug' in Auge dir,
und drängt nicht alles
nach Haupt und Herzen dir,
und webt in ewigem Geheimnis
unsichtbar sichtbar neben dir?
Erfüll davon dein Herz, so groß es ist,
und wenn du ganz in dem Gefühle selig bist,
nenn es dann, wie du willst,
nenn's Glück! Herz! Liebe! Gott!
Ich habe keinen Namen
dafür! Gefühl ist alles,
Name ist Schall und Rauch.

Goethe schreibt »Gefühl ist alles«. In der Sprache dieses Buches würden wir formulieren »*Gespür* ist alles« oder erkennen, dass wir trotz aller Differenziertheit, die die deutsche Sprache bietet, mit unseren Worten an eine Grenze kommen.

Wesentlich ist, dass diese geistige Dimension, unser Gespür, unabhängig davon ist, wie gescheit ein Mensch ist, wie viel er weiß. Die geistige Dimension, das spezifisch Menschliche lässt sich nicht von angenehmen oder unangenehmen Gefühlen beeinflussen. Auch wenn es nahezu aussichtslos ist, Unsagbares in Worte zu fassen, brauchen wir die Sprache, damit unser Verstand eine Ahnung von der geistigen Dimension bekommt. Der Verstand kann das Geistige zwar nicht spüren, aber er weiß, was Vertrauen ist. Das Urvertrauen ist der Lebensquell, der aus der Tiefe kommt.

Ein artesischer Brunnen – er ist nach der französischen Landschaft Artois benannt – ist ein Brunnen, der allein durch den Druck des Grundwassers fließt. Artesische Brunnen befinden sich immer in einer Region, die tiefer liegt als die Umgebung. Unser Gespür liegt tiefer als das Gefühl.

Im Gedicht »Der römische Brunnen« schildert Conrad Ferdinand Meyer das Phänomen der Quelle aus der Tiefe:

> Aufsteigt der Strahl und fallend gießt,
> er voll der Marmorschale Rund,
> die, sich verschleiernd, überfließt
> in einer zweiten Schale Grund;
> die zweite gibt, sie wird zu reich,
> der dritten wallend ihre Flut,
> und jede nimmt und gibt zugleich
> und strömt und ruht.

Vielleicht hilft uns dieses Gedicht die drei Dimensionen unseres Menschseins leichter zu verstehen. Die geistige Dimension entspricht der obersten Brunnenschale, deren Lebendigkeit und Fülle aus der Tiefe kommt. Das Geistige ist das Höchste und zugleich Tiefste. Das Geistige durchdringt die Mitte der Seele und die Mitte des Körpers. Seele und Körper leben von der Fülle der obersten Schale.

In der Tiefe der geistigen Dimension wohnen Werte wie Liebe, Vertrauen, Treue, Wahrhaftigkeit, Dankbarkeit und Freude. Unser Gespür ahnt die Spur, die in die Tiefe führt und uns unbeirrbar und unerschütterlich leben lässt.
Es ist die psychische Dimension, in der wir das Angenehme oder Unangenehme fühlen. In der Spannung zwischen angenehm und unangenehm taucht die Angst vor Strafe auf, die Hoffnung auf Lohn, und von hier aus kommt der Impuls, uns so zu verhalten, dass es den anderen gefällt. Liebe und Vertrauen kennen jedoch die Angst vor Strafe nicht, Wahrhaftigkeit und Treue rechnen nicht mit Hoffnung auf Lohn und die Dankbarkeit und die Freude denken nicht daran, anderen zu gefallen.

Meinem Gespür vertrauen

Wer will Lebendiges erkennen und beschreiben,
sucht erst den Geist herauszutreiben,
dann hat er die Teile in seiner Hand,
fehlt leider! nur das geistige Band.

JOHANN WOLFGANG VON GOETHE

Der Wert der Technik ist die Funktion. Der Wert der Naturwissenschaft liegt im Detail. Der Wert des Lebendigen liegt weder im Funktionieren noch im detaillierten Begründen. Der Wert des Lebendigen liegt im Zusammenspiel der Vielfalt und im Zusammenfügen der Unterschiede, ohne Vielfalt und Unterschiede aufgeben zu müssen. In unserer Zeit gibt es eine Tendenz, der entsprechend wir am liebsten alle menschlichen Geheimnisse zerlegen möchten.

Am Bild des römischen Brunnens wird deutlich, dass die geistige Dimension die tiefste *und* höchste Dimension ist. Das geistig Lebendige ist das Band, das die körperliche und seelische Dimension des Menschen verbindet. In der Tiefe unseres Gespürs befindet sich die Quelle, der »heilige Ort« für unser Wollen. Aus dieser Quelle taucht jene Begeisterung auf, die wir für unsere Entscheidungen und unsere Handlungen benötigen. Dieses Gespür erreichen wir nicht mit Qualitäts*sicherung*, aber es hat Qualitäts*merkmale*. Das Gespür kennt weder Gewinner noch Verlierer und ebenso

wenig weiß unser Gespür etwas über attraktive Nützlichkeit und berechnende Absichten.
Die wesentliche Dimension des Menschen ist die geistige und die ist unabhängig von Hautfarbe und Herkunft. Geistige Lebendigkeit hängt auch nicht davon ab, ob jemand Wissenschaftler ist oder ein Mensch, der keine Universität besucht hat. Es gibt gelehrte Menschen, die auf die schwierigsten sachlichen Fragen immer eine Antwort haben. Stellt jenen Menschen jedoch das Leben eine Frage, kann es geschehen, dass sie nicht antworten können. Ein Forscher mag gelehrt sein und auf seinem Spezialgebiet gebildet und erfolgreich, ein *weiser* Mensch ist er aufgrund seines Wissens noch nicht. Oder nach Anthony de Mello:

> »Alle Menschen sind nahezu gleich gut oder schlecht«, sagte der Meister, der Etikettierungen verabscheute. »Wie kannst du einen Gelehrten und einen Unwissenden auf die gleiche Ebene stellen?«, protestierte ein Schüler. »Weil jeder von den beiden gleich weit von der Sonne entfernt ist. Verringert sich wirklich die Entfernung, wenn du auf der Spitze eines Wolkenkratzers lebst?«

Es gibt Einladungen, da spüren wir, dass wir uns trotz angenehmer äußerer Bedingungen nicht wohl fühlen. Der Grund dafür ist erklärbar. Beschleicht uns in Gesellschaft eines Menschen Langeweile und Unbehagen, dann liegt es meistens daran, dass der Mensch wohl da ist, aber nicht anwesend. Unser Gegenüber ist vorhanden und doch nicht da, wir können nichts mit ihm anfangen, weder ein Gespräch und schon gar nicht eine gemeinsame Tat. Wir versuchen krampfhaft ein Gespräch und landen in einem Monolog, der mit Fragen gespickt ist – ein mühsames Spiel.

Alle Versuche, diesen Menschen zu berühren, scheitern. Es könnte sein, dass so ein Mensch alles hat, aber nichts ihn hält. In dieser Gleichgültigkeit ist ein Mensch auch nicht beziehungsfähig. Besonders spürbar wird dies im Phänomen des Händedrucks. Wir spüren beim Händedruck mehr, als wir mit Worten sagen können. Sind Sie auch schon erschrocken, wenn Sie einem Menschen die Hand gedrückt haben und dieser Händedruck wird nicht erwidert? Die Hand des anderen bleibt schlaff. Das andere Extrem ist der zu lange Händedruck. Ein Augenblick zu lange und wir spüren, wie sich Nähe in Distanzlosigkeit verwandelt. Drücken wir selbst einem Menschen zu lange die Hand, spüren wir in seinem schnellen Zurückziehen, dass wir ihm wohl zu nahe gekommen sind. Das Wahrnehmen von Nähe spüren wir manchmal erst, wenn wir die Distanz überschritten haben. Für dieses Spüren gibt es keinen Maßstab, beispielsweise wie viele Zentimeter Distanz ausreichend wären. Ganz einfach deshalb, weil wir die Nähe eines Menschen, den wir mögen, genießen.
Wenn wir unserem Körper übertriebene Belastungen zumuten, weil wir glauben, nur wer sich abrackert, erreicht eine bessere körperliche Kondition, sind immer leise Warnungen zu spüren. Viele von uns haben bestens gelernt, diese Warnungen zu überhören, da körperliche Fitness schließlich das Gebot der Zeit ist. Manche Menschen lernen erst nach einem Unfall oder einem Herzinfarkt, dass weniger mehr gewesen wäre. Viele Menschen haben jedoch nicht nur das Gespür für ihren Körper verloren. Der Irrtum, dass wir nur fit sind, wenn wir uns auch quälen, hat in unserem Gehirn Spuren hinterlassen. Wer nach einem Herzinfarkt mit einem leichten Training beginnt, ist gut beraten, einen Pulsmesser zu benützen. Die Pulsfrequenzmessung dient als

Kontrolle und hilft bei der Wiederentdeckung des Gespürs. Sich bei körperlicher Belastung auf sein Gespür zu verlassen, bedeutet nicht, dass wir keine technischen Hilfsmittel mehr benötigen, sondern dass wir unserem Gehirn die Möglichkeit geben, die alten Muster langsam zu verändern.
Seelische Überforderungen können wir nicht mit einem Pulsmesser kontrollieren. Wenn wir von unserer Seele mehr Verständnis fordern, als ihr gut tut, ist unser Gespür verstimmt. Genauso wie ein Instrument gestimmt werden muss, braucht unsere Seele ein Stimmgerät. Das Stimmen der Seele erfordert Zeit und ein sehr gutes inneres Ohr. Solange wir spüren, dass wir verstimmt sind, können wir uns auch selbst helfen. Schwierig wird es für unsere Mitmenschen, wenn wir unsere Verstimmung, die sich in schlechter Laune ausdrückt, nicht mehr selbst spüren.

Wie macht sich Verstimmung bemerkbar?
Hartnäckige Übellaunigkeit ist ein klares Zeichen dafür, dass man gegen seine Bestimmung lebt.

José Ortega y Gasset

- Im äußeren Umfeld – privat wie beruflich – ist alles in Ordnung. Wir sind verwundert, dass trotz der äußeren angenehmen Umstände eine Verstimmung auftaucht, die sich nicht abschütteln lässt. Sie zeigt sich:
- in der fehlenden Begeisterung und in nicht vorhandenem Interesse für Wertvolles, das uns die Welt und das Leben bietet.

- in der mangelnden Bereitschaft, Menschen zu begegnen. Wir weichen Menschen aus, auch jenen, die wir mögen.
- im Wahrnehmen eines Mangels, den wir nicht erklären können. Aufgrund des logischen Plus-Minus-Checks fehlt nichts, trotzdem geht es uns schlecht.

Spurensuche auf dem Weg zur Stimmigkeit

Es gibt nur ein Zeichen für Weisheit: gute Laune.

Michel de Montaigne

- Die Stunde, den Tag, die Woche im Rückblick betrachten, bis wir spüren, unsere Gedanken bleiben an einem Ereignis »hängen«.
- Mit Respekt das Ereignis betrachten. Respekt kommt aus dem Lateinischen von »respicere« und heißt so viel wie »noch einmal hinschauen«.
- Was taucht beim Hinschauen auf? Ärger, Wut, Enttäuschung oder Trauer?
- Welches Gefühl auch auftaucht, lassen Sie es zu und befragen Sie das jeweilige Gefühl.
- Haben Sie Verständnis für sich und Ihr Gefühl und bewerten Sie es nicht. Vor allem werten Sie es nicht ab.
- Erinnern Sie sich daran, dass jedes Gefühl, das wir nicht wahrnehmen, ein Stern ist, den wir auslöschen.

Auf der Spurensuche zur Stimmigkeit begegnen wir auch der Fährte des Trotzdem. Das Trotzdem brauchen wir meistens dann, wenn wir mit unliebsamen Überraschungen konfrontiert werden oder uns über uns selbst ärgern. »Die Freiheit des Menschen, sich über all seine Bedingtheiten hinauszuschwingen und selbst den ärgsten und härtesten Bedingungen und Umständen entgegenzutreten, ist die Trotzmacht des Geistes« (*Viktor E. Frankl*). Die Trotzmacht des Geistes praktisch anwenden ist jedem Menschen möglich. Voraussetzung ist die Entdeckung, dass wir mehr sind, als die Bedingungen und Bestimmungen, denen wir ausgesetzt sind.

Albert war vor drei Jahren in Pension gegangen. Sein Interesse galt bis dahin ausschließlich seiner Arbeit, für Freundschaften hatte er sich nie Zeit genommen und die Kinder waren längst aus dem Haus. Albert hatte in den ersten beiden Jahren seiner Pensionierung die schlechte Laune und das Jammern gelernt. Er war gut versorgt, aber schlecht gelaunt. Seine Frau ließ sich von seiner schlechten Laune jedoch nicht beeinflussen und blieb fröhlich. Vor einem Jahr sah er zum 100. Geburtstag von Viktor E. Frankl eine Dokumentation im Fernsehen. Der Gedanke, den er von Frankl in einem Interview hörte: »Muss man sich denn alles von sich gefallen lassen?«, machte Albert betroffen und er fragte sich selbst: »Muss ich mir die schlechte Laune von mir gefallen lassen? Jetzt schau ich, wer stärker ist, ich oder ich!«

Die Trotzmacht des Geistes eignet sich hervorragend, unangenehme Gewohnheiten zu verändern. Da unser Gehirn zeitlebens lernfähig ist, ist uns allen eine Veränderung unserer Gewohnheiten möglich. Diese Möglichkeit hat jede Frau und jeder Mann. Wesentlich ist, dass wir nicht vergessen, bei uns selbst anzufangen. Wenn wir darauf warten, dass sich schlechte Laune oder Schuldzuweisungen von selbst auflösen, dann warten wir vergeblich. Jede und jeder kann sich die Frage stellen: »Muss ich mir von mir alles gefallen lassen? Muss ich mir die schlechte Laune von mir bieten lassen? Jetzt bin ich neugierig, wer stärker ist, ich oder der innere Schweinehund, der schlecht gelaunt oder verärgert ist?« Die Macht über uns selbst, über unsere Authentizität ist das Einzige, was uns niemand stehlen kann. Die Quelle unserer Echtheit kann verschüttet und unter Enttäuschungen, Schicksalsschlägen und Traumatisierungen verborgen sein.

Die Macht des »Trotzdem« ist unsere geistige Dimension, die sich der psychischen Befindlichkeit in den Weg stellt. Während die geistige Dimension unterscheidet, ob wir authentisch sind oder nicht, bevorzugt die psychische Dimension das Angenehme.

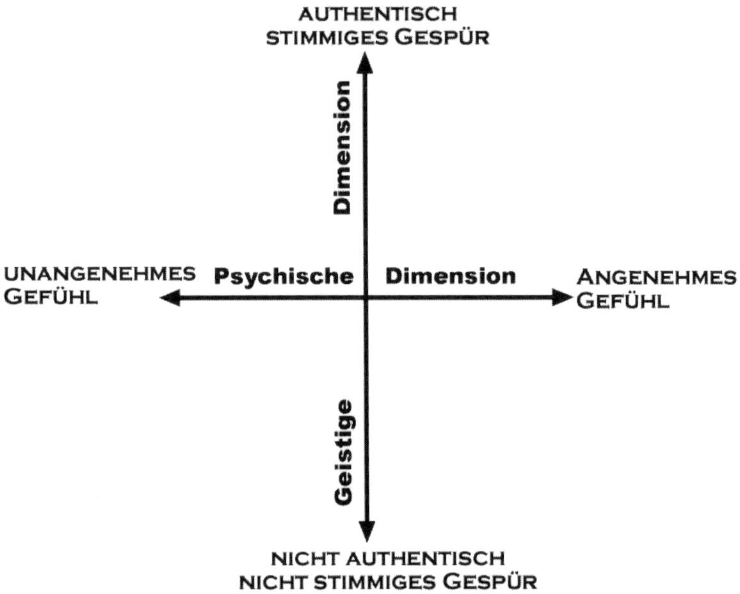

Wahrnehmen zu können, ob eine Situation für uns unangenehm, aber durchaus authentisch ist, beschert uns Ruhe und Gelassenheit. Gelassenheit breitet sich meistens dann aus, wenn unser Gespür in der Tiefe mit uns übereinstimmt. Wir können uns sehr authentisch fühlen, obwohl wir ein unangenehmes Gespräch vor uns haben. In der Stimmigkeit des Gespürs sind wir unserem Wesen nahe. Im Erleben des Wesentlichen spüren wir Lebensfreude oder Trauer und manchmal Freude und Trauer zugleich. Der Schriftsteller des *Kleinen Prinzen,* Antoine de St. Exupéry, schildert den geistigen Sinn als das Authentische und die geistige Unruhe als das Gegenteil:

> Wie kann man den Menschen einen geistigen Sinn, eine geistige Unruhe wiedergeben. Etwas auf sie herabrieseln lassen, das einem gregorianischen Gesang gleicht? Wir können nicht mehr leben von Eisschränken, von Politik, von Bilanzen und Kreuzworträtseln. Wir können es nicht mehr. Wir können nicht mehr leben ohne Poesie, ohne Farbe, ohne Liebe. Es gilt wieder zu entdecken, dass es ein Leben des Geistes gibt, das noch höher steht als das Leben der Vernunft und das allein den Menschen zu befriedigen vermag.

(aus: Antoine de St. Exupéry, *Lichtgrüße von der unendlichen Nacht*)

Staunen – und die gute Sache

Jung ist, wer noch staunen und sich begeistern kann. Wer noch wie ein unersättliches Kind fragt: Und dann? Wer die Ereignisse herausfordert und sich freut am Spiel des Lebens.

MARC AUREL

Je größer das Vertrauen in unser Gespür wird, umso intensiver wächst das Staunen. Staunen hat uns niemand gelehrt und es gehört zu den ganz wenigen wertvollen Dingen, die nicht von uns verlangt werden. »Freu dich doch!«, »Sei doch dankbar!« mögen wir deswegen so wenig hören, weil wir – mittlerweile – wissen, dass die Freude und die Dankbarkeit in der geistigen Dimension geborgen und verborgen sind. Diese menschlichen Werte können wir nicht mit Absicht anpeilen und schon gar nicht befehlend einfordern. Die Fähigkeit zu staunen kennt jeder Mensch. Im Staunen steckt die Ehrfurcht vor dem Leben. Wann haben Sie das letzte Mal über sich gestaunt? Können Sie sich noch für eine gute Sache begeistern? Solange wir uns begeistern können, so lange bleiben wir geistig jung, auch wenn unser Körper nicht mehr so mitspielt, wie wir es gerne hätten.

Wenn wir das Leben als Spiel sehen könnten, hätten wir viele Ängste und Sorgen weniger. Erholende Ruhe und heiteres Spiel scheinen für das Leben notwendig zu sein,

sagt Aristoteles (Nicomachische Ethik). Das Spiel ist der gelungene Ausdruck eines inneren seelischen Könnens. Spiel kann durchaus ernsthaft werden. Das Ernsthafte mit Ernst betreiben bedeutet nicht, verbissen oder krampfhaft ein Ziel um jeden Preis zu verfolgen. Wir können statt mit Ernst unser Streben auch mit Beharrlichkeit, Unerschütterlichkeit, Ausdauer oder Geduld unterfüttern. Wenn uns das Spielerische am Herzen liegt, dann probieren wir es doch gleich aus:
Brauchen wir Sturheit anstelle von Beharrlichkeit?
Brauchen wir Überheblichkeit anstelle von Unerschütterlichkeit?
Brauchen wir Verbissenheit anstelle von Ausdauer?
Brauchen wir Verdrossenheit anstelle von Geduld?

Was wir vor allem brauchen, ist eine gute Sache

> Gutsein ist gut
> Für eine gute Sache sein ist eine gute Sache
> Für eine gute Sache sein ist Gutsein
> aber fragen ob die Sache auch wirklich gut ist
> und für wen sie eigentlich gut ist das ist nicht gut
> Denn es könnte sich zeigen dass die Sache
> gar nicht so gut ist
> und wenn ich für keine gute Sache mehr sein kann wie
> kann ich gut sein?
> Drum darf ich einfach zu keinem mehr gut sein
> der mich anstiften will meine gute Sache in Frage zu stellen
> denn es ist gut für mich endlich zu wissen
> dass es gut ist zu wissen
> dass jede Frage die die gute Sache in Frage stellt
> falsch gestellt ist.

ERICH FRIED[5]

Nach der Begeisterung für eine gute Sache fordert uns das Wertvolle heraus. Zur Umsetzung einer guten Sache brauchen wir unseren Verstand. Die Erkenntnis, dass bei der Verwirklichung einer guten Sache Schwierigkeiten auftauchen können, schult unsere Frustrationstoleranz. Für die Schwierigkeiten, die sich unserer guten Sache in den Weg stellen, brauchen wir nicht nur den Zauber des Anfangens, sondern den Humor als Lebenskunst.

Beharrlichkeit, Unerschütterlichkeit, Ausdauer und Geduld kommen wie der Humor aus der Quelle der geistigen Dimension. Diese Eigenschaften haben eines gemeinsam: Sie wissen, dass es auch für sie eine Grenze gibt. Beachten wir diese Grenze nicht, kann sich Beharrlichkeit in Sturheit verwandeln und Ausdauer in Verbissenheit. Unsere Vorstellungen, die wir manchmal mit der guten Sache verwechseln, sind nicht die gute Sache selbst. Unsere Vorstellungen maskieren sich gerne mit der Grimasse der Harmonie um jeden Preis und mit der Fratze des Fanatismus. Unsere Vorstellungen nehmen ihre Masken erst dann ab, wenn wir entdecken, dass sich unsere Unerschütterlichkeit in Überheblichkeit verändert hat.

Überheblichkeit und Selbsterkenntnis begegnen sich selten. Für die Überheblichkeit würde es nämlich äußerst unangenehm, wenn die Selbsterkenntnis Echtheit fordert. Die Überheblichkeit liebt die Macht und das Angenehme und hat für das Echte wenig übrig. Dafür ist die Überheblichkeit befreundet mit Stolz, Hochmut, Eitelkeit und Arroganz. Superbia steht für all diese Begriffe. Augustinus lehrte im vierten Jahrhundert, dass Superbia der Ursprung des Bösen ist. Bei aller Überheblichkeit bleibt auch dem Mächtigsten die Ohnmacht gegenüber Verletzbarkeit nicht erspart.

Fünf Minuten Lebenskunst

Der Fortgang der wissenschaftlichen Entwicklung ist im Endeffekt eine ständige Flucht vor dem Staunen.

Albert Einstein

- Staunen zu können, ist der beste Schutz gegen Überheblichkeit.
- Worüber kann ich staunen?
- Gibt es Situationen, in denen ich sprachlos bin?

Humor
als Lebenskunst

Der Humor ist eine Waffe der Seele im Kampf um ihre Selbsterhaltung. Ist es doch bekannt, dass der Humor wie kaum sonst etwas im menschlichen Dasein geeignet ist, Distanz zu schaffen und sich über die Situation zu stellen, wenn auch nur für Sekunden.

VIKTOR E. FRANKL

Kaum etwas hilft uns, schwierige Zeiten so zu überwinden, wie der Humor. Humor, der für Sekunden Distanz schafft, ist wie ein Rettungshubschrauber. Wenn wir uns beim Klettern im normal verrückten Alltag verstiegen haben und nicht mehr weiterkommen oder verletzt sind, kann uns der Humor helfen. Der Rettungshubschrauber, der uns wieder auf den sicheren Boden stellt, ist wie der Humor, der den Augenblick an die richtige Stelle setzt. Doch der gute Humor ist kein Dauerbrenner, der permanent und zu jeder Zeit für gute Stimmung sorgt. Humor ist vielmehr ein Ausdruck von innerem Gleichgewicht und humaner Toleranz. Humor ist ein unentbehrliches Element jeder höheren menschlichen Ordnung.
»Humor ist die Erkenntnis der Grenze, verbunden mit grenzenloser Erkenntnis.« Nicht nur Gerhart Hauptmann wusste um die Grenze des Menschenmöglichen, es gibt viele kluge, geistreiche und witzige Aussprüche zu diesem Thema:

Der Dichter-Arzt Gottfried Benn war befreundet mit Else Lasker-Schüler. Eines Tages bekannte er ihr: »Ich möchte einmal etwas ganz Großes, etwas ganz Reines vollbringen!« Darauf die Schriftstellerin: »Dann waschen Sie doch einen Elefanten!«
Oder:
Karajan benutzte für eine kürzere Reise einmal nicht sein eigenes Flugzeug, sondern mietete einen Hubschrauber. Wegen Nebels verirrte sich der Pilot und musste froh sein, irgendwo auf einer Wiese landen zu können. Missmutig gingen beide zum einzigen Gasthof des nahe gelegenen Städtchens und baten um zwei Zimmer. »Bedaure, ich habe kein einziges Zimmer frei.«
»Aber Sie können uns doch hier nicht bei Nacht und Nebel abweisen. Ich bin der Dirigent Herbert von Karajan.«
»Und wenn Sie Heintje wären – ich kann Ihnen kein Zimmer geben, wenn ich keines habe.«
Der gute Humor macht sich nicht über Menschen lustig, sondern über das Nichtwahrnehmen von Grenzen und manchmal auch über die Überheblichkeit. Der technische Fortschritt verführt den Menschen zur Überheblichkeit und zu der Vorstellung, dass alles machbar sei. Ein Fanatiker ist überzeugt, dass alles machbar ist, wenn man nur will. Diesem Macher mit Humor zu begegnen, ist äußerst schwierig, und wenn es der eigene Chef ist, sollten wir uns davor hüten, allzu humorvoll zu sein. Vorsicht, Fanatiker tragen Humorlosigkeit als Vereinsabzeichen. Was zerstört wird, wenn sich Fanatismus mit Macht verbindet, können wir in den Geschichtsbüchern nachlesen.
Ein heiteres Gemüt ist nicht nur eine Gabe, die wir haben oder nicht. Der eigene Gemütszustand ist mit ziemlich viel Herausforderung, Auseinandersetzung und Mühe verbun-

den. Den Humor als Lebenskunst zu lernen ist nicht unmöglich, es ist immer wieder einigen gelungen: Viktor E. Frankl mit seiner Trotzmacht des Geistes, Václav Havel mit der Einführung einer Lach- und einer Schweigeminute bei ins Stocken geratenen Sitzungen, Eugen Roth (*Lebenskünstler*) mit seinen unvergleichlichen Gedichten, wie beispielsweise:

Ein Mensch missachtet die Befehle
Des bessern Ich, der zarten Seele –
Bis die beschließt, gekränkt zu schwer:
Mit dem verkehre ich nicht mehr.
Sie lebt seitdem, verbockt und stumm,
Ganz teilnahmslos in ihm herum.

Oder von Heinz Erhardt:

Voller Sanftmut sind die Mienen
voller Güte ist die Seele,
sie sind stets bereit zu dienen,
deshalb nennt man sie Kamele.

Der Humor, der sich über das Verhalten mancher Menschen lustig macht, holt die Überheblichkeit von ihrem Podest. Der gute Humor beschämt nicht Menschen, sondern schenkt uns die Fähigkeit, über uns selbst zu lachen. Der Humor schafft Distanz zwischen dem Problem und uns und hilft dadurch zu erkennen, dass wir nicht alles können und es niemals allen recht machen werden. Wenn wir uns von der Illusion, es allen recht machen zu wollen, nicht verabschieden, führen wir ziemlich schnell ein Kummerdasein. Es gibt Menschen, die ewig jammernd mit Leidensmiene durch den Tag spazieren. Gründe für schlechte Laune gibt es genug. Manchen Menschen reicht bereits schlechtes Wetter für ihre schlechte Laune. Die Erkenntnis, dass wir nicht für die gute Laune unserer Mitmenschen zuständig sind, könnte uns befreien. Dazu müssen wir uns vom Anspruch verabschieden, es allen Menschen recht machen zu müssen. Es allen recht machen bedeutet, zur gleichen Zeit mindestens zwei Konzerte zu spielen. Nämlich unsere eigene Kammermusik und die Sonate jenes Menschen, mit dem wir im Augenblick in Kontakt sind. In solchen Fällen schafft es nur der Humor, ein leises Lächeln auf unsere Gesichter zu zaubern. Das Lächeln heißt, »So wichtig sind wir nicht«, und ist wahrlich notwendig.

Die Grenze unserer Möglichkeiten zu erkennen, sollte uns weniger traurig stimmen. Es könnte uns motivieren, unsere Grenzen zu mögen, anstatt uns immer wieder zu rechtfertigen. »Wer sich rechtfertigt, ist recht fertig«, so lautet ein Kapitel des Buches *Die Humorstrategie*, und das bedeutet, dass die Rechtfertigung das Vorspiel zur Entschuldigung ist. Das Muster ist das gleiche: Wir beschreiben wort- und ausdrucksstark gerade das, was wir eigentlich von uns weisen möchten.

Zur guten Laune trägt ganz besonders der Humor bei. Mithilfe des Humors können wir unserem Gegenüber unsere Grenze zeigen und brauchen nicht beleidigt oder überheblich zu sein. Überheblich wäre es, so zu tun, als ob uns noch viel mehr möglich gewesen wäre, wenn dies oder jenes nicht passiert wäre. Darüber hinaus gibt es noch eine andere Art von Überheblichkeit, nämlich zu vergessen, dass unser Gegenüber eine eigene Meinung hat. Jedes noch so intensive Bemühen um einen Dialog kann nur mit dem Wohlwollen des anderen gelingen. Fehlt uns selbst oder

unserem Gegenüber dieses Wohlwollen, enden Gespräche meistens in zwei Monologen und im Beharren auf der eigenen Meinung.
Humor ist ein Lebenselixier, das sich weder um schlechtes Wetter kümmert noch um schlecht gelaunte Menschen. Gut versorgt und schlecht gelaunt – dies scheint eine verbreitete und zur Gewohnheit gewordene Lebenseinstellung in unseren Tagen zu sein. Der Humor hilft nicht nur mit unserer menschlichen Begrenztheit, sondern auch mit unseren Unzulänglichkeiten fertig zu werden. Außerdem schenkt uns der Humor Hoffnung. Hoffnung bedeutet nicht, dass unsere Pläne immer gelingen und unsere Vorstellungen Wirklichkeit werden. Hoffnung ist die unerschütterliche Gewissheit, dass – egal wie etwas ausgeht, wie es wird – es gut ist.
Die Erinnerung an eigene Erfahrungen stärkt unsere Gewissheit und die Erinnerung an Menschen, die vor uns gelebt haben, ermutigt uns. »Gib mir einen Punkt, auf dem ich stehen kann, und ich werde die Erde bewegen.« Der Satz von Archimedes erinnert uns daran, dass der Platz, den unsere Füße zum Stehen brauchen, genügt, um das Trotzdem zu leben. Johann Sebastian Bach hat uns mit seinen Kantaten einen reichen Schatz an Hoffnung geschenkt. Bei Bach klingt dieser Gedanke so: »Tobe, Welt, und springe, ich steh' hier und singe in gar sich'rer Ruh'.«
Wir können zwar nicht hoffen wollen, aber wir können der Hoffnung wesentlich mehr Raum geben und uns an einen Ausspruch von Hölderlin erinnern: »Wo die Gefahr ist, wächst das Rettende.« Dort, wo unsere Beharrlichkeit und unser Bemühen an Grenzen stoßen, sollten wir uns an das Maß unserer eigenen Würde erinnern. Manche Dinge schaffen wir nicht alleine. Kommunikation ist ebenso we-

nig ein Soloprogramm, wie der Bau einer Bogenbrücke über einen Fluss, die keinen Pfeiler hat. Eine Bogenbrücke muss von beiden Uferseiten gebaut werden. Die Brücke hält durch das Fundament auf beiden Seiten.

Fünf Minuten Lebenskunst

Wo der Spaß aufhört, beginnt der Humor.

Werner Finck

- Bevor ich mich rechtfertige, übe ich Humor und lächle über mich selbst: »Ich könnte noch viel schlechter sein!«
- »Im Spiel des Möglichen mit dem Unmöglichen erweitern wir unsere Möglichkeiten«, hat Ingeborg Bachmann geschrieben. Wenn mir jemand vorwirft, dass ich unmöglich bin, denke ich an diesen Gedanken von Ingeborg Bachmann.
- In jenen Situationen, wo mir kein Schaden aus meinem Humor entsteht, sage ich: »Ich bin nicht unmöglich, ich erweitere nur meine Möglichkeiten!« Ansonsten denke ich mir den Satz – Gedanken sind bekanntlich frei.

Humor rettet zerplatzte Seifenblasen

Wie Seifenblasen sind Vorstellungen, die wir uns vom Leben und den Menschen machen. Das Leben ist aber keine Seifenblase. Wir verzweifeln nicht am Leben, sondern an den Vorstellungen, die wir vom Leben haben. Vielleicht liegt das auch daran, dass wir uns meistens nur schöne Sachen vorstellen. Für eine Geburtstagsfeier oder einen Abend mit Freunden setzen wir schließlich unser Bestes ein. Und bei diesem Einsatz denken wir nicht daran, dass das Beste auch einmal zu einem Misserfolg führen kann.
Wer plant schon Unvorhergesehenes ein. Nichtgeplante und peinliche Überraschungen geschehen häufig. Wer plant schon Unvorhergesehenes ein? Nichtgeplante und peinliche Überraschungen passieren immer wieder. Neulich war ich mit meinem Mann zum Abendessen eingeladen. Ich war felsenfest davon überzeugt, dass wir am Donnerstag um 20 Uhr vereinbart hatten. Es dauerte einige Zeit, bis uns der Herr des Hauses die Türe öffnete. »Was führt euch denn zu uns? Schade, dass ihr gestern nicht gekommen seid, wir haben Euch vermisst.« Mich durchfuhr es wie ein Blitz und ich stimmte schnell das Lied »Ist mir das peinlich« von Reinhard Mey an. So konnten wir gemeinsam lachen.

Die heitere Sicht der Dinge hilft uns, berührbarer zu werden, anstatt das Verhalten, sich unnahbar zu geben, zu üben und zu vertiefen. Berührung und Betroffenheit annehmen zu können, ist immer eine Erhöhung von Lebensqualität, auch wenn es nicht immer angenehm ist. Aus der Sicht des Humors die Dinge zu sehen, bedeutet nicht, dass wir nicht mehr enttäuscht werden. Lassen wir uns doch – trotz aller erfahrenen Enttäuschungen – wieder und wieder ein, lassen wir uns begeistern, berühren, betroffen machen. Weder mit dem »Gewusst wie« noch mit eifrigem Bemühen, keine Fehler zu machen, werden wir Enttäuschungen verhindern.

Das Hinschauen, ob wir nur einer Seifenblase nachlaufen oder etwas uns Wesentlichem, lohnt sich in jedem Fall. Werte, die uns am Herzen liegen, eignen sich nicht für Beschwichtigungen. Noch kritischer, als über Werte hinwegzugehen, ist es, leise Gefahrenmeldungen zu überhören. Beruhigungen, die uns keine innere Ruhe schenken, wirken nur oberflächlich und vor allem nicht lange. Für die Sprache unseres Körpers brauchen wir Zeit und Vertrauen in unser Gespür. Hektik, Stress und Oberflächlichkeit verhindern, dass wir genau hören, was unser Körper uns zu sagen hat. Erinnern Sie sich an Werner und seinen Radunfall? Die leise Stimme der Körpersprache war da. Werner hat sich beschwichtigt. Beschwichtigen bedeutet in manchen Situationen ein Krokodil füttern und daran glauben, dass es uns aus der Hand frisst. Krokodile fressen uns nicht nur aus der Hand, sie sind gefräßiger.

Ob hinter dem Verwirklichen von Werten wirklich ein Wert wohnt oder eine Seifenblase? Diese Frage können wir uns nur selbst stellen und beantworten. Das realistische Unterscheiden ist hier wahrlich notwendig. Stellt sich der

Verwirklichung eines Wertes die erste Schwierigkeit in den Weg, greifen wir manchmal zu schnell in die Wink-vom-Himmel-Trickkiste.

Anita entdeckte nach ihrem Schulabschluss an einer technischen Schule ihre Liebe zur Physiotherapie. An einer Ausbildungsstätte in der Nähe ihres Wohnortes wurden pro Jahr dreißig Personen aufgenommen. Anita versuchte vier Jahre lang einen Platz an dieser Schule zu bekommen. Zwischenzeitlich hatte sie eine Ausbildung zur Heilmasseurin abgeschlossen und übte diesen Beruf aus. Als Anita beim vierten Anlauf erneut eine Absage bekam, suchte sie nach möglichen Alternativen. Sie fand eine Schule, die 400 Kilometer von ihrem Wohnort entfernt lag. Die Chance, Physiotherapeutin zu werden, lag zum Greifen nahe, wenn nicht die hohen Kosten gewesen wären. Auch diese Hürde bewältigte Anita mit großem Einsatz als Masseurin in den Abendstunden und mit Hilfe von Verwandten. Bereits einen Monat nach Ende ihrer Ausbildung bekam Anita ein hervorragendes Angebot einer angesehenen Praxis an ihrem Wohnort. Der Wert war für Anita so groß, dass sie die Hürden überwunden hat.

Ob wir dabei sind, eine Frage zu beantworten, die uns das Leben stellt, oder ob wir krampfhaft unsere oder andere Vorstellungen erfüllen wollen, beides ist immer eine Herausforderung. In unserer hektischen Zeit verlieren wir oft zu schnell die Nerven und damit den Blick für das Wertvolle, das wir leben und lieben wollen. Wir bräuchten gar nicht sehr viel Zeit, manchmal genügen einige Minuten, um ein Gedicht zu lesen:

Sag, wie wär' es alter Schragen,
wenn du mal die Brille putztest,
um ein wenig nachzuschlagen,
wie du deine Zeit benutztest.
Oft wohl hätten dich so gerne
weiche Arme warm gebettet;
doch du standest kühl von ferne,
unbewegt wie angekettet.
Oft wohl kams', dass du die schöne
Zeit vergrimmtest und vergrolltest,
nur weil diese oder jene
nicht gewollt, so wie du wolltest.
Demnach hast du dich vergebens
meistenteils herumgetrieben;
denn die Stunden unseres Lebens
sind die Stunden, wo wir lieben.

WILHELM BUSCH

Die Liebe zu etwas Wertvollem oder die Liebe zu einem Menschen fordert uns nicht nur heraus, sie befähigt uns zu Dingen, die wir uns nicht vorstellen können. Wir sollten uns nicht zu schnell von jenen Dingen abhalten lassen, die uns am Herzen liegen. Das Verwirklichen von Werten verlangt Zeit und Mühe. Taucht ein Hindernis bei der Verwirklichung eines Wertes auf, wird dies heute sehr schnell so gedeutet: »Wenn es nicht leicht geht, solltest du es lieber lassen!« Der Mangel an Einsatzbereitschaft, Ausdauer und Mühe drückt sich in der Entmutigung aus. Wir sollten einander ermutigen, unterstützen und mehr an die Unerschütterlichkeit von Wertvollem glauben und uns selbst mehr zutrauen.

Plädoyer gegen das »Warum«

Wir fragen uns immer wieder, warum Dinge geschehen. Warum bleibt jemand im Stau stecken und versäumt das Flugzeug, das eine Stunde später abstürzt? Warum sind die anderen nicht im Stau stecken geblieben? Warum wurde der Schriftsteller Ödön von Horváth auf der Champs-Élysées von einem Ast erschlagen? Warum ist der Ast nicht eine Minute später abgebrochen? Wir könnten die Liste der Warum-Fragen endlos verlängern, wir werden keine Antwort finden, die uns befriedigt.

Gibt es wirklich für jedes Geschehen auf der Erde Gründe? Geschieht nicht einiges völlig grundlos? Im offiziellen Protokoll der Academy of Life schreibt der Quantenphysiker Anton Zeilinger: »Es gibt Dinge, die geschehen ohne Grund. Das ist für mich die wichtigste Erkenntnis des 20. Jahrhunderts. Das Interessante ist, dass man dieses Faktum im Experiment wirklich sehen kann, dass man es nicht bloß indirekt über theoretische Schlüsse konstruieren muss.«

Bei großen Katastrophen werden wir über die Medien damit konfrontiert, dass wir doch nicht so sicher sind, wie wir geglaubt haben. Manchmal wird fieberhaft nach einem Warum gesucht. Eigentlich suchen wir nach etwas, das uns Halt gibt, und einen Grund, der uns trägt. Wir spüren intuitiv, dass uns die Technik diesen umfassenden Halt nicht geben kann. Wir sehnen uns nach Geborgenheit und Sicherheit und spüren genau, dass zwischen Geborgenheit und Sicherheit Welten liegen. Sicherheit finden wir weder in der Technik, noch können wir uns immer auf menschliche Beziehungen verlassen. Trotzdem liegt der Ort, an dem wir Geborgenheit erleben können, in der Gemeinschaft von Menschen. Diese Geborgenheit erleben wir nur dann, wenn Menschen unfassbares Leid annehmen, Schmerz und Sprachlosigkeit aushalten. Viktor E. Frankl hat uns für solche Situationen einen Gedanken mitgegeben: »Wo jedes Wort zu viel ist, ist jedes Wort zu wenig.« Eine Umarmung oder ein Händedruck können in diesen Augenblicken mehr Geborgenheit vermitteln als vertröstende Worte. Vertrösten hat nichts mit dem echten Trost zu tun. Vertrösten bedeutet jemanden hinhalten oder ihn mit leeren Worten abspeisen.

Die Warum-Frage taucht heute unglaublich schnell auf. Für jedes noch so kleine Missgeschick begibt man sich auf die Suche nach einem Schuldigen. Die Schuldfrage für die großen Katastrophen endet meistens in der Anklage: Warum lässt Gott dies zu? »Gott, der alte Buchhalter, der tagtäglich die guten und bösen Taten eines Menschen verrechnet, ist in Auschwitz verbrannt worden.« Auschwitz hat dennoch zu einer Veränderung unserer Gottesbilder geführt, meinte Pinchas Lapide in einem Gespräch mit Viktor E. Frankl (*Gottsuche und Sinnfrage*) und fragte weiter: »Wo war der Mensch, als Menschen zu Millionen verbrannt wurden? Das wäre eine Frage, die noch immer auf Antwort wartet. Aber Gott als Lückenbüßer zu missbrauchen für die Unmenschlichkeit der Zweifüßler an ihren Artgenossen, ist nach meiner Meinung krasse Blasphemie.« Gott ist weder Lückenbüßer für Naturkatastrophen wie den Tsunami oder die Hochwasser der letzten Jahre, noch

ist er für die technischen Mängel, die zu einem Flugzeugabsturz führen, zuständig.
Schuld, Leid und Tod fallen in der Logotherapie unter den Begriff »tragische Trias«. Wir können uns noch so bemühen, wir werden es nicht schaffen, unschuldig zu bleiben. Leid erlebt jeder Mensch auf seine ganz persönliche Weise. Die Erkenntnis, dass wir in der Folge von Schicksalsschlägen keine befriedigende Antwort auf unsere Warum-Frage finden, könnte uns aus dem Teufelskreis des Grübelns befreien. Das Einzige, das gegen das endlose Kreisen um das Warum hilft, ist die Anerkennung: Es ist so, und wo ist jemand, der bei uns bleibt, ohne uns zu vertrösten?
Eine Kultur wechselseitiger Unterstützung in menschlich belastenden Situationen ist leider gerade in der Medizin und anderen helfenden Berufen selten. Entweder kommt es zu Verleugnung und Nichtwahrhabenwollen oder zu einem übertrieben gefühlsorientierten Sichhineinsteigern aufgrund der Vorstellung, dass dies besonders heilsam sei. Mittelwege sind selten und darin spiegelt sich auch eine in unserer Gesellschaft weit verbreitete Art, mit Schmerz, Erschütterung und Trauma umzugehen. Hier das Totschweigen, dort das Hineinsteigern, das auch mit dem Nichtakzeptieren der Tatsachen des Lebens zusammenhängen könnte. Als könnte man Leiden und Schmerz aus der Welt schaffen, wenn man nur lange genug darüber klagt oder darüber schweigt.
Wir sind verletzbar und verletzlich und in Krisenzeiten kann man uns besonders leicht einreden, dass wir keine besonders guten Menschen sind. Der Typ Freunde, die auch Hiob im Alten Testament bedrängt haben, er möge doch zugeben, dass er Schuld auf sich geladen hat, ist nicht ausgestorben. Dieser Menschentyp tut sich schwer, sich selbst

und dem Leben Freund zu sein. Dem Leben Freund sein bedeutet, ich bleibe dem Leben Freund, auch wenn es schwierig und schwer wird.
Ich kann nur allen, die diese Zeilen lesen, einen Menschen wünschen, der dem Leben Freund ist. Für mich war dieser Mensch meine Großmutter. Sie schenkte mir kurz vor ihrem 104. Geburtstag den Text »Der spielende Mensch« von Hugo Rahner, mit einem Brief, in dem stand: »Um mich brauchst du dir keine Sorgen machen, ich warte geduldig bis Nachricht kommt, spielerisch und kindlich (nach Rahner), und rechne immer mit einem guten Ausgang.«
Die Nachricht, auf die meine Großmutter geduldig gewartet hat, betraf den Ausgang einer Operation, der ich mich damals unterziehen musste. Ihre Gedanken erinnern mich immer wieder an den Humor als Lebenskunst und an die ernstheitere Erkenntnis, dass unser ganzes Bemühen am Ende nichts »nützt«.

Der Gedanke eines östlichen Mönchs ist – in diesem Zusammenhang – an heiterer Gelassenheit kaum zu überbieten: Den Schlaf der Nacht verkürzen und die Stunden des Tages auskaufen und sich selbst nicht schonen, und dann begreifen: all das ist Scherz – ja, das ist Ernst.
Wer sich mit dem Humor als Lebenskunst anfreundet, kann sich dem Gedanken an den Tod nicht entziehen. Bei allen weisen Menschen, denen wir in Büchern begegnen, taucht der Gedanke an den Tod auf. In der Biografie »Das Leben wartet auf dich« über Viktor E. und Elly Frankl gibt es ein Lied und darin heißt es: »So sehr ich auch kämpfe, lebend komme ich aus der Welt nicht raus.« Ziemlich sicher ist dies die Träne, die am Grunde eines echten Lächelns ruht.

Ich kann's bis heute nicht verwinden,
deshalb erzähl ich's auch nicht gern:
den Stein der Weisen wollt ich finden
und fand nicht mal des Pudels Kern.

HEINZ ERHARDT

Jede Sorge, Freund, vermeide,
jedes Weh sollst du verachten.
Sieh die Lämmer auf der Weide:
sie sind fröhlich vor dem Schlachten.
Ahnst du nicht, wie dumm es wär,
wären sie's erst hinterher?

HEINZ ERHARDT

Vom Zauber der Hoffnung

Hoffnung ist eine Pflicht, nicht etwa ein Luxus.
Hoffnung ist kein Traum, sondern der Weg,
Träume zu verwirklichen.
Glücklich jene, die Träume träumen und bereit sind,
den Preis für ihre Verwirklichung zu zahlen.

LEON JOSEPH SUENENS

Die Hoffnung verzaubert uns manchmal dort, wo wir es am wenigsten erwarten. Nicht dann, wenn alles klaglos funktioniert, und schon gar nicht dort, wo Geplantes verwirklicht werden kann. Die Hoffnung hängt nicht von unseren Aktivitäten und von unserem Einsatz ab. Die Hoffnung ist so etwas wie unerschütterliche Gewissheit, dass es mehr gibt als den Menschen. Diese Hoffnung wird in einer Gedichtzeile von Dietrich Bonhoeffer spürbar: »Von guten Mächten wunderbar geborgen, erwarten wir getrost, was kommen mag. Gott ist mit uns am Abend und am Morgen und ganz gewiss an jedem neuen Tag.«
Hoffnung beginnt zu wachsen, wo Menschen aufhören zu siegen, Recht zu haben und alles und jedes besser wissen zu müssen. Hoffnung wächst, wo Menschen sich nicht auf Vorurteile, sondern auf ihr Gespür verlassen.

Trotzdem ist die Zeit mir geliehen
mich dem, was sie fordert, nicht zu entziehen
Trotzdem ist die Tat nicht umsonst getan –
trotzdem, trotzdem, trotzdem
Trotzdem sag, wenn Zweifel dich plagen
Trotzdem sag an mutlosen Tagen
um trotzdem das, was wir sind, zu bejahn
trotzdem, trotzdem, trotzdem

ERIKA PLUHAR[6]

Hoffnung braucht Behutsamkeit:
Damit Hoffnung spürbar werden kann, damit wir und andere Menschen Hoffnung wahrnehmen, empfinden können, brauchen wir Behutsamkeit, Langsamkeit und eine Verfeinerung im Alltäglichen. Ein ganz wesentlicher Teil von Behutsamkeit ist die Unterscheidungsfähigkeit.

Fünf Minuten Lebenskunst

Die Unwissenheit ist eine Situation, die Menschen ebenso hermetisch abschließt wie ein Gefängnis.

Simone de Beauvoir

- Was empfinde ich, wenn jemand zu mir sagt:

Ich betreue dich	*oder*	Ich bin dir treu
Ich behandle dich	*oder*	Ich lege dir die Hand auf
Ich bemitleide dich	*oder*	Ich leide mit dir
Ich beschenke dich	*oder*	Ich schenke dir
Ich beteilige dich	*oder*	Ich teile mit dir
Ich berate dich	*oder*	Ich rate dir
Ich bediene dich	*oder*	Ich diene dir

Wem Hoffnung und Achtsamkeit am Herzen liegen, der wird sich um Nuancen bemühen und um sorgsame Formulierungen. Ein Mensch, der die Ehrfurcht vor anderen an der eigenen Würde misst, wird Generalisierungen und Pauschalierungen vermeiden. Eine behutsame Sprache und ein achtsames Umgehen miteinander erfordert von uns viel Übung und Konzentration. In Talkshows sind sprachliche Aufrüstungen gang und gäbe. »Ich bin zutiefst erschüttert« wird für solche Banalitäten verwendet, dass wir darüber nur staunen können. In der Schlagwortsprache wird von »extremer Unfairness«, »menschenunwürdigem Verhalten« geredet. Meistens sind diese Übertreibungen Worthülsen, die nichts davon vermitteln, was Fairness und Würde tatsächlich sind. Was wir brauchen, ist ein tiefer Respekt vor dem Lebendigen, um dem Leben wirklich Freundin oder Freund sein zu können.

Hoffnung braucht Solidarität

Der Begriff Solidarität erschreckt manche Menschen. Zu oft löst das Erschrecken über einen Begriff Abwehr und Sich-Abwenden aus. Es tut gut, wenn wir Worte suchen, die mit der Solidarität befreundet sind: Verbundenheit, Gemeinwohl, Gemeinsamkeit, Zusammengehörigkeitsgefühl und Wir-Gefühl. Besonders für das Wir-Gefühl ist es wichtig, allgemeingültige Regeln einzuhalten. Auch wenn wir uns bemüht haben oder uns bemühen, haben wir alle allgemeingültige Regeln schon verletzt. Verständnis hilft bei einem Fehltritt wesentlich mehr als alles andere. Nicht nur Kinder brauchen Ermutigung und Warmherzigkeit,

Erwachsene ebenso. Kaum etwas frustriert mehr als das Bewusstwerden, dass wir uns bemüht haben und doch scheitern. Einmal mehr kommt hier Hoffnung aus der Hirnforschung. Unser Gehirn braucht nämlich die Möglichkeit, Fehler zu machen, sonst lernen wir nichts und können uns nicht weiterentwickeln.

Wie könnte nun Hoffnung im Scheitern konkret werden? In seinem Lied »Zeugnistag« schildert Reinhard Mey, wie er aufgrund seiner schlechten Noten das Zeugnis selbst unterschieben hat. Der Direktor befahl die Eltern in die Schule. Mutter und Vater Mey lebten die Verbundenheit mit ihrem Sohn und bestätigten dem Direktor, dass die Unterschrift von ihnen sei. In der letzten Strophe dieses Liedes besingt Reinhard Mey berührend die Solidarität und Warmherzigkeit seiner Eltern, die dem Direktor erklärten, dass es sich um ihre Unterschrift handelt. Wie kaum ein anderer Erziehungsratgeber hat mich dieses Liedes bewegt und mich durch die Schulzeit meiner Kinder begleitet. Wenn's brenzlig wird, wenn's schiefgeht, wenn die Welt zusammenfällt, brauchen Kinder Eltern, Großeltern oder einen Menschen, der die brenzlige Situation aushält. Hoffnung im Scheitern bedeutet, dass wir einander aufmuntern, anstatt deprimieren. Die Erinnerung an eigene überstandene Unzulänglichkeiten könnte uns menschlicher und verständnisvoller machen.

Das eigene Beste ist selten das, was auch die Masse als das Beste empfindet. Das Beste für uns ist, dass uns jemand vertraut, auch dann, wenn wir nicht gut waren. Auf dem Boden der Ermutigung gedeiht die Hoffnung.

Wenn die Welt zusammenfällt, können wir jeden menschlichen Beistand brauchen, nur keine Besserwisser. Wenn wir unser Bestes gegeben haben und es trotzdem schiefgeht, sind Ratschläge wenig hilfreich und wir können gut darauf verzichten. Wir sollten aufhören, uns mit anderen zu vergleichen. Neben uns werden immer Menschen leben, die dieses oder jenes besser können als wir selbst. Wenn wir jene Werte, die unseren Fähigkeiten entsprechen, verwirklichen und beleben, dann werden wir immer unabhängiger von der Meinung anderer. Ihre Zustimmung oder Ablehnung veranlassen uns dann nicht mehr, ihre Gefühle zu übernehmen.

> Stehe selbst aufrecht, ohne von anderen aufrecht gehalten zu werden.
>
> MARC AUREL

Das Gefühlskonzert

Weder Freude noch Liebe sind naturwissenschaftlich nachweisbar, und doch spüren wir intensiv, wenn wir uns verlieben. Ebenso spüren wir, dass wir uns ärgern und wütend werden. Messbar ist der Zorn nicht, aber in manchen Fällen bekommen andere die destruktive Aggressivität zu spüren. Stellen Sie sich vor, in einem philharmonischen Konzert spielen die Pauken so laut, dass alle anderen Instrumente wohl zu sehen, aber nicht mehr zu hören sind. Der innere Dialog mit den Gefühlen ist wie ein Konzert. So wie in einem Orchester Flöten und Trompeten mitspielen, so spielen in unserem Empfinden leise und laute Gefühle mit. Ein philharmonisches Konzert wird nicht harmonisch, weil alle Klarinette spielen. Die Philharmonie lebt von der Unterschiedlichkeit der Klangkörper und der Art und Weise, wie sie zusammenspielen. Wir leben vom Empfinden unserer unterschiedlichen Gefühle. Der Dirigent, wenn er gut ist, achtet nicht nur auf Harmonie, sondern auch darauf, dass das Orchester aus der Symphonie ein Klangerlebnis macht. Damit Gefühle wie Ärger oder Wut nicht den Ton angeben, braucht unser Empfinden auch einen Dirigenten oder eine Dirigentin. Dabei geht es nicht darum, dem Ärger das Recht zum Mitspielen zu verweigern, sondern dem Ärger eine Partitur zu geben, sodass er mitspielen kann. Wesentlich ist, dass wir die Partitur nicht mit einem Fahrplan verwechseln. Die Partitur unseres Ärgers müssen wir selbst schreiben. Gut gemeinte Ratschläge von außen bringen den Ärger selten zum Verschwinden. Wie könnte nun eine derartige »Ärgerpartitur« aussehen?

Gespräch mit dem Ärger

»Was möchtest du mir denn sagen, lieber Ärger?«

»Da stimmt etwas nicht.«

»Ich spüre ja, dass etwas nicht stimmt, aber was stimmt denn nicht?«

»Das weiß ich nicht, ich bin ja nur dein Ärger und wenn du weißt, was dich ärgert, dann brauchst du mich nicht mehr und das will ich eigentlich nicht. Ich möchte schon, dass du mich brauchst!«

»Das heißt, ich muss mich fragen, was der Grund für meinen Ärger ist. Aber bei einem kannst du mir noch helfen. Wer hat dich denn gerufen und weißt du zufällig wann?«

»Gerufen hast du mich, als du von dir verlangt hast, du sollst auf die Bergtour mitgehen, obwohl du nicht mitgehen willst. Am Anfang war ich leise und du hast mich in deinem Bemühen, deinem Paul eine Freude zu machen, gar nicht gehört. Jetzt hattest du mehr Ruhe und außerdem war ich ein wenig lauter.«

»Also, du meinst, dass ich mich ärgere, weil ich wieder einmal ein Versprechen zu schnell gegeben habe, das ich gar nicht einlösen will?«

»Ja, genau das meine ich. Du hast dich übergangen.«

Die Partitur des Ärgers besteht nicht aus vorgegebenen Noten, sondern aus kreativen Fragen, um dem Ärger auf die Spur zu kommen. Der Ärger will mitspielen in der Lebenssymphonie. Lässt man ihn längere Zeit nicht zu Wort kommen, spielt er unaufgefordert ein Solo, steigert sich zur Wut und übertönt alle anderen Gefühle.

Ebenso wenig, wie Geigen und Flöten zu hören sind, wenn Pauken und Trompeten spielen, ebenso wenig kann sich die Traurigkeit Gehör verschaffen, wenn der Zorn die Register zieht. In einer Symphonie ist kein Instrument »mehr wert«. Wesentlich ist, dass sich die Pauken zur rechten Zeit zur Geltung bringen und wieder verstummen, wenn das Geigensolo dran ist. So wesentlich es ist, der inneren Trompete Zeit zu geben, das Plädoyer gegen den Verdacht zu spielen, so wesentlich ist es, der Flöte zu ermöglichen, die fröhlichen Töne anzustimmen.

Symphonie bedeutet so viel wie »zusammenklingen«, »zusammen tönen«. Dieses »Zusammentönen« hat aber nichts mit Eintönigkeit zu tun.

Das, was uns besonders viel bedeutet und uns gut tut, gewinnt nicht mehr an Wert, indem wir anderes abwerten. Stellen Sie sich vor, alle Einwohner einer Kleinstadt begeistern sich für einen bestimmten Sänger. Nun gibt dieser Sänger ein Konzert in der Stadt, aber eben nur eines und kein zweites oder drittes. Es wäre einfach unmöglich, dass alle Interessierten Karten bekommen. Wie stünde es dann mit der Harmonie? Harmonie bedeutet also nicht, dass alle das Gleiche mögen. Ein Miteinander in der Familie entsteht nicht dadurch, dass alle Spaghetti am liebsten essen oder eine bestimmte Fernsehsendung gerne anschauen. Das Miteinander entsteht in der Bereicherung des Andersseins.

Wir sehnen uns danach, Wertvolles, das wir selbst mögen, mit anderen teilen zu können. In zwischenmenschlichen Beziehungen ist dieses Teilen-Können in vielen Bereichen möglich. Da wir Menschen einmalig und einzigartig sind, haben wir auch eine unterschiedliche Wahrnehmung. Freuen wir uns über etwas Bedeutsames, können wir es gar nicht erwarten mitzuerleben, dass unser Gegenüber dies auch so empfindet. Geben wir unserem Mann oder unserer Frau, unserer Partnerin oder unserem Partner, unseren Kindern oder Eltern und unseren Freunden die Möglichkeit zum Mitfreuen. Zum Konzert mit den Gefühlen gehört die Freude wesentlich mit dazu und vor allem jene Form von Freude, die sich in mitteilender Dankbarkeit ausdrückt.
Leider lernen wir weder aus freudigen noch aus weniger fröhlichen Erfahrungen unserer Mitmenschen und wir lernen wenig aus gut gemeinten Warnungen. Es sind die eigenen Erfahrungen, erlitten und bewältigt, die uns menschlicher machen können. Die Wahl zwischen Ermutigung und Verbitterung haben wir. Wenn wir den Grund unseres Ärgers kennen, aber nicht wissen, wie wir unsere gewohnten Reaktionen verändern können, tut ein Gespräch mit unserer Erinnerung gut.

Gespräch mit der Erinnerung

»Ich verspreche oft viel zu schnell etwas und habe dann nicht den Mut, Nein zu sagen.«

»Vorerst ist es gut, dass du dich erinnerst. Ich kenne dich ziemlich gut und kenne deine schnellen Zusagen. Ich trage einen ziemlich schweren Rucksack. Einigen Ballast kann ich allerdings erst dann zurücklassen, wenn du ihn genau angeschaut hast und dort entsorgst, wo er keinen Schaden mehr anrichtet.«

»Wie soll ich das verstehen, dass meine Erinnerungen Schaden anrichten?«

»Nicht die Erinnerungen richten den Schaden an, sondern die Erfahrungen und Erlebnisse, die dich noch belasten. Diese Erfahrungen sind wie Altöl am Komposthaufen. Altöl im Kompost ist wie eine tickende Zeitbombe. Zuerst merkst du nichts, weil der Bioabfall nicht zeigt, was das schmierige Öl anrichtet.«

»Du meinst, die Schmiere sind die belastenden Erfahrungen?«

»Ja. Es gab ja etliche Situationen, in denen du dich und andere angeschmiert hast, ohne dass du es wolltest. Deshalb ist es gut, wenn du jetzt genau hinschaust.«

»Gibt es eigentlich eine Waschmöglichkeit, damit ich mich weder von mir noch von anderen angeschmiert fühle?«

»Nicht so schnell. Es gibt nicht nur eine Waschmöglichkeit. Du kannst alles so lassen und gleichgültig werden und irgendwann ...«

»Nein, nein, das will ich ja nicht, deswegen rede ich ja mit dir.«

»Vor allem vergiss eines nicht: Dein Paul ist ein Meister in der Kunst, Überraschungen in Nebensätzen zu verpacken, die du mit Zeitverzögerung realisierst.«

»Du meinst, es liegt nicht nur an mir, dass ich mich geärgert habe und verletzt bin?«

»Auf keinen Fall liegt es nur an dir. Wenn dies so wäre, dann wärst du wie jene Menschen, die alles auf sich beziehen. Leider vergessen sie dabei, dass sie nicht alleine auf der Welt sind.«

»Wenn es nicht nur an mir liegt, kann ich sowieso nicht viel tun.«

»Viel nicht, aber etwas Entscheidendes. Bevor du das nächste Mal zu schnell ein Versprechen gibst, atme ganz langsam tief ein und aus und zähle bis fünf oder bis zehn. Gerade so lange, bis du dir sicher bist, dass dir eine Antwort möglich ist, die für dich stimmt. Es mag sein, dass dein Paul diese Antwort nicht erwartet.«

»Und was soll ich dann antworten?«

»Das hängt ganz davon ab, was Paul von dir will. Du kannst auch schweigen und so tun, als ob du ihm gar nicht zugehört hast.«

»Das werfe ich ihm immer vor. Er hört nämlich wirklich nicht zu, wenn ich was sage. Eigentlich will ich nicht unaufmerksam sein.«

»Ich kann mich erinnern, dass du in letzter Zeit sogar sehr aufmerksam warst. Paul ist aufgrund deiner Aufmerksamkeit nicht achtsamer geworden.«

»Du hast ja Recht. Diese Gewohnheiten, die sich in meinem Gehirn vernetzt haben, verwende ich bereits beim Überlegen, was ich tun soll. Mir ist wirklich nicht zu helfen.«

»Natürlich ist dir zu helfen, und zwar von dir selbst. Wenn du schon das Gehirn ansprichst, weißt du auch, dass es so wird, wie du es benutzt. Es muss ganz und gar nicht so bleiben und ich finde, wir beide sind auf dem besten Weg zu einer Veränderung.«

Fünf Minuten Lebenskunst

Wer vor der Vergangenheit die Augen verschließt,
wird blind für die Gegenwart.

Richard von Weizsäcker

- Dem Ärger oder der Wut zugrunde liegt vielleicht das Wertvolle, das ich nicht leben kann.
- Ich gehe auf Spurensuche: Ist die Sache, die mir durch den Kopf geht, für mich wirklich wertvoll oder ärgere ich mich, weil ich meine Vorstellung nicht leben kann?
- Falls es für mich wertvoll ist, werde ich mich und das Wertvolle beleben und meinen Mut und meine Mühe einsetzen!

Wer dirigiert das Gefühlskonzert?

> Es ist schlimm genug, dass man jetzt nicht mehr für ein ganzes Leben lernen kann. Unsere Vorfahren hielten sich noch an den Unterricht, den sie in ihrer Jugend empfingen: wir aber müssen jetzt alle fünf Jahre umlernen, wenn wir nicht ganz aus der Mode kommen wollen.
>
> JOHANN WOLFGANG VON GOETHE

Wenn wir lesen, dass Menschen zu Goethes Zeiten alle fünf Jahre umlernen mussten, können wir uns doch ganz beruhigt zurücklehnen. Vor zweihundert Jahren war es nicht anders als heute. Auch wir kommen mit dem, was wir in unserer Jugend gelernt haben, nicht mehr aus. Das, was wir heute dringend brauchen, sind Leitbilder, innere Ziele, um uns orientieren zu können und uns in der Welt zurechtzufinden. Genauso wenig, wie uns die Kleider passen, die wir in unserer Schulzeit getragen haben, passt eine innere Ordnung aus der Vergangenheit zu uns. Leitbilder sind die Grundlage dafür, dass wir unsere Aufmerksamkeit für eine gewisse Zeit einem bestimmten Menschen oder einer bestimmten Sache widmen.

Ob unsere Kindheit unseren Vorstellungen entsprochen hat oder nicht – jetzt haben wir die Möglichkeit zu lernen.

Es ist zwar nicht ganz leicht, das abzulegen, was uns geprägt hat, aber es ist möglich. Wesentlich ist, dass wir dem Märchen »Eltern sind an allem schuld« nicht glauben. Dieses Märchen gehört zu jenen, die nicht gut ausgehen. Außerdem will es uns glauben machen, dass wir ein Leben lang mit diesen oder anderen Belastungen leben müssen, nur weil wir damit aufgewachsen sind. Eine schwere Kindheit ist nicht der Bescheid für ein unglückliches Leben und eine glückliche Kindheit ist noch lange keine Garantie für ein glückliches Leben. Jedes Kind und jeder Jugendliche hat erlebt, dass manche Erwachsene ihn nicht als eigenständiges und vor allem empfindsames Wesen behandelt haben. Manche Menschen sind in unserem Seelengarten herumgetrampelt, lange bevor uns bewusst wurde, dass wir lebendig sind. Manche Erlebnisse und einige Eindrücke haben uns verwundet und es sind Narben zurückgeblieben. Manche dieser Narben liegen in der Tiefe und Schmerzen tauchen oft erst nach vielen Jahren auf. Allerdings sind uns auch Narben zurückgeblieben, die wir uns selbst zugefügt haben. Ob wir gehandelt oder gewartet haben, Konflikte hat es immer wieder gegeben und dabei haben wir uns Kratzer und Schrammen zugezogen. Auch wenn die Wunden verheilt sind, unser Gehirn hat sich die Stellen gemerkt.
Es sind auch nicht die Gene, durch die wir so programmiert sind, dass wir keine Chancen haben. Unsere Chancen sind durch Veranlagungen und Anfälligkeiten begrenzt, was aber letztlich daraus wird, entscheiden wir und dafür sind wir auch verantwortlich. Die Nervenzellen sind zwar angelegt, doch wie sie sich verschalten, welche Vorlieben und welche Gewohnheiten uns vertraut werden, das hat mit der Umwelt zu tun, in der wir wachsen und werden.

»Nicht der Mensch hat am meisten gelebt, welcher die höchsten Jahre zählt, sondern derjenige, welcher sein Leben am meisten empfunden hat.« Löst der Gedanke des Dichters Friedrich Rückert auch bei Ihnen Neugier aus? Fallen Ihnen Augenblicke der Freude ein? Oder erinnern Sie sich momentan eher an schwierige Zeiten? So wesentlich das Empfinden von Gefühlen für die Gestaltung unseres Leben ist, so wichtig ist es, dass wir unserem Verstand ein Mitspracherecht geben. Der Verstand soll nur nicht zum Diktator werden, sondern zum achtsamen Dirigenten.

Solange die Angst vor Strafe dirigiert ...

... regiert ganz versteckt die Überzeugung, dass wir nicht gut genug sind. Die Angst entwickelt sich als Dirigentin zur Spezialistin, die alles weiß, obwohl sie vom Wesentlichen keine Ahnung hat. Die Angst am Dirigentenpult gleicht manchen Versicherungsvertretern, denen die Gruselpropaganda geschäftlich nützt. Übertriebene Sorgen nützt die Angst aus. Ob Prüfungsangst oder die Angst vor einem Vorstellungsgespräch oder ganz einfach die leisen Bedenken, dass unsere Art, den normal verrückten Alltag zu bewältigen, anderen nicht gefällt, beeinflussen unser Handeln. »Wir fühlen, dass etwas in uns plötzlich in Gang gesetzt wird und unseren ganzen Körper überflutet, ohne dass wir uns dagegen wehren können ... wir fangen an, verzweifelt nach einer Lösung zu suchen, eine irgendwo zwischen unseren Milliarden von Nervenzellen angelegte

Verschaltung für eine Verhaltensstrategie zu aktivieren, die uns geeignet scheint, die Bedrohung irgendwie abzuwenden« (aus: *Gerald Hüther, Biologie der Angst*). Hebt die Angst den Taktstock, hat unser Verstand kaum eine Chance. Die Angst vor Strafe verhindert, dass wir uns selbst vertrauen. In diesen Momenten, Stunden oder Tagen brauchen wir jemanden, der uns versteht und für uns da ist. Und noch einmal Gerald Hüther: »Die Angst kann auf dieser Welt erst dann verschwinden, wenn irgendwann einmal alle Menschen so aufwachsen und leben, dass sie all das, was sie umgibt, erkennen, verstehen und deshalb auch lieben können.«

Solange die Hoffnung auf Lohn dirigiert …

... regiert im Verborgenen die Illusion des positiven Denkens. Die Wenn-dann-Strategie beherrscht das Tun. Die Kurzsichtigkeit des Wenn-Dann will uns glauben machen, dass wir nur das richtige Rezept brauchen, dann sind wir unseres Glückes Schmied. Im Unterschied zur echten Hoffnung ist das Hoffen auf Lohn eine Illusion. Entweder liegt uns der Einsatz für eine gute Sache am Herzen und dann ist es nicht wichtig, ob wir für unser Tun belohnt werden, oder die Erwartungshaltung gebraucht uns als Marionette. In der Erwartung auf Belohnung beobachten wir uns und verfallen in die Wunschhaltung, die uns am Handeln hindert. Die Wunschhaltung ist der Herzinfarkt der Seele. Wenn wir anstelle unseres Handelns nur mehr unsere Wünsche im Blick haben, nehmen uns die Wünsche gefangen und behindern uns.

Solange der Wunsch, anderen zu gefallen, dirigiert ...

... regiert die Sehnsucht, bei einem anderen Menschen Geborgenheit zu finden. Wirkliche Geborgenheit kann uns nie ein anderer Mensch schenken, sondern nur das Leben selbst. Etty Hillesum schreibt in ihrem Tagebuch: »Das Leben selbst muss immer die Urquelle sein, niemals ein anderer Mensch. Viele Menschen schöpfen ihre Kraft aus einem anderen Menschen, statt selbst wirklich zu leben; jener Mensch und nicht das Leben ist ihre Quelle. Das ist so verdreht und unnatürlich wie nur möglich.« Geschrieben sind diese Gedanken leicht, sie zu leben ist ziemlich schwierig. Solange wir leben, sehnen wir uns nach Menschen, die ähnlich empfinden wie wir selbst. Kaum eine größere Enttäuschung trifft uns mehr, als wenn wir mit einer intensiven Freude im Herzen zu gleichgültigen Menschen kommen.

Solange Schuldgefühle dirigieren ...

... stehen verschiedene Leute am Dirigentenpult und dies zur gleichen Zeit. Die Musiker wissen nicht, nach welchem Taktstock sie spielen sollen. Schuldgefühle sind keine Orientierungshilfe. Schuldgefühle behaupten zu wissen, dass wir etwas versäumt haben. Schuldgefühle sind wie ein klebriges Spinnennetz, in dem ein Insekt hängen bleibt. Bleiben wir in den Schuldgefühlen hängen, reden uns diese ein, dass wir anderen etwas schuldig seien.

Manche Menschen haben Schuldgefühle, weil sie Angst haben und von sich verlangen, dass sie keine Angst haben dürfen. Andere sehen in der Nichterfüllung von Wünschen ihr Versagen und nehmen für eine Sache die Schuld auf sich, obwohl keine Schuld vorhanden war, und die Nächsten erleben heftige Schuldgefühle, weil sie es nicht geschafft haben, anderen zu gefallen.
Schuldgefühle haben in den seltensten Fällen etwas mit echter Schuld zu tun.

Wenn die Verantwortung zu dirigieren beginnt …

... kann endlich die Freiheit mitspielen. Einige Stimmen im Orchester, wie die Schuldgefühle zum Beispiel, werden beleidigt in einer Ecke sitzen, weil sie den Taktstock abgeben mussten und ganz selten die Triangel spielen dürfen. Die Verantwortung hält sich zwar an die Noten, doch sie freut sich sehr, dass die Freiheit das Tempo bestimmt. Zwischen den Tönen weiß die Verantwortung, dass in der Freiheit nicht alle mitspielen können. Solange Schuldgefühle oder Angst dirigieren, ist für die Verantwortung kein Platz am Dirigentenpult. Wer von der Angst dirigiert wird, ist nicht frei. Dirigiert uns die Verantwortung, die aus der Freiheit wächst, ängstigen wir manche Menschen, ohne dass wir es wissen. Wenn die Verantwortung dirigiert, müssen wir damit rechnen, dass unser Konzert nicht allen gefällt.

Die Lektion

Der Vater einer Schülerin stürmte aufgebracht in den Vortragssaal, in dem der Meister gerade sprach. Ohne Rücksicht auf die Anwesenden schrie er seine Tochter an: »Du hast dein Universitätsstudium abgebrochen, um dich zu Füßen dieses Narren zu setzen! Was hat er dich gelehrt?« Sie stand auf, nahm ihren Vater ruhig bei der Hand und ging mit ihm aus dem Saal. Dann sagte sie: »Bei ihm zu sein, hat mich gelehrt, was an keiner Universität gelehrt wird: dich nicht zu fürchten und mich über dein schändliches Benehmen nicht aufzuregen.«

ANTHONY DE MELLO[7]

Wer dirigiert die Lebensmelodie?

Leben ist wie Musik

Trotz traditioneller Anschauungen hielt der Meister nur wenig von Vorschriften und Überlieferungen.
Ein Schüler geriet eines Tages in Streit mit seiner Tochter, weil der Mann darauf bestand, das Mädchen solle den künftigen Ehemann nach den Geboten der Religion aussuchen.
Der Meister ergriff offen Partei für das Mädchen.
Als der Schüler seinem Erstaunen Ausdruck gab, dass ein heiliger Mann solches tue, sagte der Meister: »Du musst begreifen, Leben ist wie Musik, und die entsteht mehr aus Gefühl und Intuition als nach Regeln.«

ANTHONY DE MELLO

Die Melodie des Gefühls

Die Melodie des Gefühls spüren wir. Die Musik ist wie ein Füllhorn, das Fantasie und Verschiedenheit zu einer wunderbaren Komposition ausgießt. Der Vergleich mit der Musik könnte uns helfen, die Verschiedenheit der Menschen zu unterscheiden. Betrachten wir die Menschen, als ob sie eine Melodie wären. Jede Person tönt anders. Genauso wie es einzigartige und einmalige Lieder gibt, so gibt es einmalige und einzigartige Menschen mit ihrer ganz persönlichen Melodie. Manche Melodien erfreuen, regen an, ermutigen und beleben. Es gibt auch Melodien, die tun gut, trotzdem vergessen wir sie wieder. Fast sind wir ein wenig traurig, dass wir sie vergessen haben. Allerdings bemerken wir dies erst, wenn wir sie zufällig wieder einmal hören. Dann gibt es Melodien, die wärmen uns das Herz. Mit Haut und Haar spüren wir, dass sie uns gut tun. Diese Art von Musik kann uns in einem seelischen Tief an unsere Fröhlichkeit erinnern. Die schrägen Melodien, die wir zweimal oder mehrmals hören müssen, um sie wirklich kennen zu lernen, fordern uns heraus – vielleicht weil die Tonfolge ungewohnt ist oder der Text des Liedes nicht sofort verständlich.

Wenn die Melodie fremd ist und uns gar nicht berührt – dann darf das auch so sein. Wir müssen nicht alles mögen und es muss uns auch nicht alles gefallen.

Schwierig wird es mit jenen Melodien, denen wir schutzlos ausgeliefert sind. Sie lauern fast überall: beim Einkaufen, im Restaurant, im WC und neuerdings auch in Arztpraxen und im Krankenhaus.

Im Laufe der Geschichte gab es einige Machthaber, die Menschen dirigierten und von ihnen verlangten, dass alle die gleiche Melodie spielen müssen. Für Menschen, die in der ersten Hälfte des 20. Jahrhunderts lebten, gab es Dirigenten, die von persönlichen Lebensmelodien nicht viel hielten, und so wurde versucht, von außen zu dirigieren. Eigentlich wurde weniger dirigiert, sondern diktiert: die Verpflichtung zum Liebsein und Bravsein, die Verpflichtung zum Frohsein und die Verpflichtung zum Durchhalten. Starre Normen und Gebote haben über eine lange Zeit hinweg das Zusammenleben der Menschen geregelt. Das Pendel des Zeitgeistes schlägt derzeit in das andere Extrem aus. Während 1956 Erich Fromm schrieb, dass selbst die Gefühle heute vorgeschrieben seien und wir fröhlich, tolerant, zuverlässig und ehrgeizig sein sollten und mit jedem reibungslos auszukommen haben, regiert fünfzig Jahre später der Grundsatz »Alles ist möglich«.

Während in den Medien Distanzlosigkeit als Sensation verkauft wird und Menschen in manchen Fernsehsendungen jedes Gespür vermissen lassen, vermehren sich farbige Streifen am Boden in öffentlichen Gebäuden. Diesen Hinweis, dass doch nicht alles möglich ist, gibt es in öffentlichen Dienstleistungsunternehmen wie Banken, Postgebäuden oder bei der Bundesbahn. Die farbigen Streifen signalisieren, dass wir warten und dem Menschen, der gerade an der Reihe ist, nicht zu nahe kommen sollen. Diese Maßnahme wurde offensichtlich notwendig, weil einige Menschen das Gespür für Nähe und Distanz verloren haben. Manche spüren sich selbst zu wenig und nehmen nicht wahr, wo sie selbst aufhören und der andere anfängt. Wir alle kennen diese Situation, wenn wir öffentliche Gebäude betreten.

Das besonders berührende Beispiel eines Menschen mit einem ausgeprägten Gefühl für Nähe und Distanz war Sir Peter Ustinov.

Es gibt eine Episode im Leben des Peter Ustinov, die viel über ihn erzählt. Er drehte in Indien für die dreiteilige BBC-Dokumentarserie Ustinov's People ein Porträt über Indira Gandhi. Auf das verabredete Gespräch wartend, spricht er frei in die Kamera, sinngemäß: »Hier stehe ich also im Garten von Indira Gandhi. Es sind Vögel in den Bäumen. Wächter stehen in den Winkeln. Es ist ruhig.« Plötzlich hört man Lärm, eine große Aufregung. Ustinov: »Oh, ich höre ein Geräusch. Es irren Leute durch die Gegend, die Wächter laufen. Aber ich glaube nicht, dass etwas Schlimmes passiert ist.« Das Bild wird dunkel, flammt wieder auf. Ustinov steht auf derselben Stelle: »Ich muss gestehen: Als ich eben sagte, es sei nichts Ernstes geschehen, habe ich mir selbst nicht geglaubt. Auf Indira Gandhi ist soeben geschossen worden. Die Wächter stehen nicht mehr in den Winkeln. Aber die Vögel sind noch in den Bäumen.«

Tatsächlich ist Indira Gandhi auf dem Weg zum Gespräch mit Peter Ustinov erschossen worden. Jeder Dokumentarfilmer wäre mit der Handkamera zum Ort des Geschehens gestürmt, Ustinov bleibt dem Ort fern und ist dem Geschehen doch viel näher.«

ROGER WILLEMSEN

Ziemlich sicher gehen die Meinungen über das Verhalten von Peter Ustinov auseinander. Vielleicht denken einige: »Der ist doch kein Profi, sonst hätte er doch gefilmt.« Wahrscheinlich gibt es andere, die über seine Art, wie er der Würde des Menschen Raum gegeben hat, staunen.

Die Melodie des Verstandes

Zu einer wirklichen Melodie ist der scharfsinnige Verstand wahrscheinlich nicht geeignet. Wofür wir ihn dringend brauchen ist, dass er den Melodien in uns eine Sprache gibt und unseren Ideen Möglichkeiten zur Verwirklichung. Mithilfe des Verstandes können wir lesen lernen, Schwierigkeiten bewältigen, schwimmen lernen und den Fernseher ausschalten. Der Platz hier reicht nicht aus, um all das aufzuzählen, wozu wir unseren Verstand dringend brauchen. Der Verstand ist eine gute Sache, aber eben nicht nur eine gute Sache. Eines sollte sich unser Verstand durch den Kopf gehen lassen, dass »Wissen ohne Gewissen zur größten Gefahr für den Menschen wird«, sagt Richard von Weizsäcker. Außerdem hat unser Verstand ein Handicap, mit dem er manchmal nicht fertig wird: Er ist nach Freud nicht »Herr im eigenen Haus«. Wie gering die Chancen des Verstandes sind, wenn wir nicht mögen, haben die meisten schon erlebt. In unserem Kalender steht ein Termin, den wir schon vor längerer Zeit vereinbart haben. Vor drei Wochen war die Idee, mit Freunden ins Kino zu gehen, wirklich gut und wir haben uns darauf gefreut. Nur heute haben wir so viel zu tun und einfach keine Lust. Der Verstand hat nun die anstrengende Aufgabe, sich eine Ausrede einfallen zu lassen, weil wir den Termin nur verschieben, aber nicht absagen wollen.

Der Verstand, das bewusste Denken ist uns erst ab einem gewissen Lebensalter zugänglich. Offensichtlich werden wir ab diesem Alter durch äußere Einflüsse zu einer Lebenseinstellung verführt, die den Intellekt bevorzugt. Der Intellektuelle ist ein Menschentyp, dessen Einstellung zum Leben durch eine gewisse Hypertrophie, durch ein Überwuchern der Denkfunktion allgemein charakterisiert ist.

Das Wissen ohne Gewissen überwuchert unsere Denkfunktionen und dies kann dazu führen, dass es auf Kosten unserer Menschlichkeit geht. Robert Musil schreibt in seinem *Mann ohne Eigenschaften*, »dass das Wissen mit der Habsucht verwandt ist, einen schäbigen Spartrieb darstellt und ein überheblicher innerer Kapitalismus ist«. Was meint Robert Musil mit »Wissen als Habsucht«? Meint er das auswendig gelernte, gespeicherte, abfragbare und, wenn jemand Glück hat, verfügbare Allgemeinwissen, mit dem ein Mensch in manchen Fernsehsendungen Geld gewinnen kann? Vielleicht meint Musil jenes sprudelnde Wissen, das gesellige Abende so anstrengend macht, weil Besitzer dieses Wissens zu allem etwas beitragen, obwohl sie keine Ahnung haben? Sie wissen, wie der Hase läuft, obwohl sie noch nie einen Hasen gesehen haben. Es kann sein, dass sie das Gras wachsen hören und die Flöhe husten, obwohl wir nur *sehen,* wie das Gras wächst, und ahnen, dass Flöhe keinen Husten haben. Auf alle Fälle ist es bereichernd, sich Kenntnisse zu verschaffen und Wissenswertes zu lesen. Schaffen wir es jedoch nicht, das angelernte Wissen mit unseren persönlichen Erfahrungen zu verknüpfen, gewinnen wir keine Einsicht in größere Zusammenhänge. Zu unserer Fähigkeit, Informationen aufzunehmen und bewusst denken, zu können, gehört es vor allem, Handlungen zu planen und die Fähigkeit, abzuschätzen, was unsere Handlungen bewirken können. Der Verstand ist keine Instanz für das Verwirklichen von Verantwortung und so entwickeln sich manche Menschen zu wahren Meistern des Spiels mit ihren eigenen Empfindungen und mit den Empfindungen anderer. Sie gehen dabei bisweilen äußerst schlau vor und lernen, andere sehr genau zu beobachten. Aber es fehlt ihnen die Fähigkeit, sich in andere Menschen hineinzuversetzen und deren Empfindungen mitzufühlen. Sie beherrschen das Zurschaustellen einfacher Grundempfindungen perfekt, aber es gelingt ihnen nicht, sie zu differenzierten subtilen Empfindungen weiterzuentwickeln.

Was geschieht, wenn Menschen sich an Pläne halten, die aus einem Wissen ohne Gewissen entstehen, schildert Professor Haim G. Ginott 1972 in seinem Buch *Teacher and Child:*

Lieber Lehrer,

ich bin Überlebender eines Konzentrationslagers.
Meine Augen haben gesehen, was niemand je sehen sollte.

Gaskammern, gebaut von gelernten Ingenieuren.
Kinder, vergiftet von ausgebildeten Ärzten.
Säuglinge, getötet von geschulten Krankenschwestern.
Frauen und Babys, erschossen und verbrannt
von Hochschulabsolventen.

Deshalb bin ich misstrauisch gegenüber Erziehung.
Meine Forderung ist, dass Lehrer ihren Schülern helfen, menschlich zu werden.

Ihre Anstrengungen dürfen niemals führen
zu gelernten Ungeheuern, ausgebildeten Psychopathen,
studierten Eichmanns.

Lesen, Schreiben, Rechnen sind nur wichtig,
wenn sie dazu dienen, unsere Kinder
menschlicher werden zu lassen.

Es ist nicht nur eine Gratwanderung zwischen äußeren Vorgaben, denen wir pflichtbewusst folgen sollen, und dem Wahrnehmen und Verwirklichen von persönlicher Verantwortung, sondern es ist ein Drahtseilakt. Wenn wir glauben, wir müssen besser sein als das Leben, stürzen wir ab. Der Weg zurück auf der Leiter zum Drahtseil ist mühsam. Doch aufgrund der vielen Wege, die wir bereits hinter uns haben, kennen wir die Fallen immer besser. Einige Sprossen auf der Leiter fehlen, einige sind kaum wahrnehmbar angesägt und brechen erst bei Belastung und einige halten. Behutsamkeit und Achtsamkeit ist bei diesem Drahtseilakt die Herausforderung.

Einige Institutionen bieten Spezialschuhe an, damit man am Drahtseil nicht abstürzt. Die Schuhe sind fest mit dem Seil verankert und werden so eng an die Füße geschnürt, dass niemand, der die Schuhe ordnungsgemäß anzieht, abstürzen kann. Wir stürzen nicht mehr ab, wir hängen am Seil fest, auch dann, wenn wir den Halt verlieren. Dann hängen wir mit dem Kopf nach unten und sehen das Leben und die Welt verkehrt. Die Spezialschuhe sind die Regeln und Normen und die werden so fest geschnürt, dass ein Ausweichen nicht möglich ist. Im Grunde gibt es nur ein einziges Modell dieser Schuhe. Die Methode ist immer gleich: Wir wissen, wie es geht! Für das Empfinden bleibt kaum Raum. Höchstens Druckstellen, die schmerzen, weil die Schuhe sich nicht an die Eigenheit des Fußes anpassen. Die Oberseite ist unterschiedlich: Schuhbänder, Schnallen, Gummizug. Wie schön und verlockend die Verzierung auch sein mag, die Schuhe verhindern, dass Menschen das Leben spüren. Sie trauen sich nicht barfuß auf das Drahtseil. Es tut zu weh!

Wichtig ist, dass wir das Empfinden und den Verstand nicht als zwei getrennte Bereiche sehen. Die Sätze: »Sei

nicht so empfindlich!« oder »Sei nicht so emotional!« sind oft Ausdruck unserer Verzweiflung, weil wir glauben, mit dem Verstand alles regeln zu können.
Ob der Mensch aus seinem Empfinden heraus zu Gräueltaten fähig ist oder ob dies erst sein Verstand möglich macht – ich weiß es nicht. Ich erlebe immer wieder, je mehr bei einem Menschen die Fähigkeit, empfinden zu können, verschwindet, umso schneller verschwindet das Staunen. Mit dem Verlust des Staunens verlieren Menschen einen Teil ihrer Wahrnehmungsfähigkeit; Aufmerksamkeit ist ihnen nicht mehr wichtig und ihr Einfühlungsvermögen und der Respekt für andere Menschen sind auf ein Minimum geschrumpft. Vor allem die Liebesfähigkeit und die Frustrationstoleranz bleiben auf der Strecke. All diese Fähigkeiten werden heute unter dem Begriff »soziale Kompetenz« zusammengefasst und sie werden in vielen Stellenangeboten als Voraussetzung für die Bewältigung der beschriebenen Aufgaben genannt. Vielleicht ist der Begriff »soziale Kompetenz« der moderne Begriff für das Gewissen.

Die Melodie des Gewissens

Die Melodie, die unser Gewissen spielt, hören wir nicht immer gerne, denn es könnte für unseren Verstand Arbeit bedeuten und für unser oberflächliches Gefühl unangenehm werden. Der Begriff »Gewissen« könnte bei einigen Menschen zu Missverständnissen führen. Was meint beispielsweise Erich Kästner damit, dass unser Gewissen immer richtig geht, nur wir gehen manchmal falsch? Oder was verbirgt sich hinter der Formulierung von Viktor E. Frankl, dass das Gewissen noch gar nicht zu Wort gekom-

men ist, solange ich noch Angst vor Strafe habe, auf Lohn hoffe und der Wunsch, anderen zu gefallen, mein Verhalten bestimmt?
Wir alle haben ein Gewissen und von Zeit zu Zeit quält es uns, weil wir es vergessen haben. Einem Freund, der uns so beharrlich, wie unser Gewissen auf Unstimmigkeiten aufmerksam machen würde, hätten wir schon längst die Freundschaft gekündigt. Manchmal warnt es uns laut, manchmal spricht es so leise, dass wir im Alltag die Stimme des Gewissens nicht hören. Das Gewissen ist keine Instanz, die sich nach festgeschriebenen Geboten und Verboten richtet. Gewissensbildung ist Feinabstimmung mit unserem Gespür.
Das Gewissen spüren wir im Leibgefühl. Der Leib ist mehr als der sichtbare Körper und vor allem mehr als jene Dinge, die medizinisch messbar sind. Der Leib meldet sich nicht nur mit Kopfschmerzen, einem verspannten Nacken oder einem unguten Magengefühl. Der Leib spricht zu uns auch ohne körperliche Beschwerden. Das Sprechen des Leibes drückt sich im Gespür aus und es ist so ähnlich, wie es in einem alten Lied heißt: »Mir ist so komisch zumute, ich ahne und vermute: Heut' liegt was in der Luft ...« Wir ahnen mit unserem Leib. Unser ganzer Leib ist Gewissen und wir können spüren – leibhaftig spüren –, ob wir authentisch leben oder nicht. Wir nehmen wahr, dass es uns nicht gut geht. Dies können wir nur daran erkennen, dass es Möglichkeiten gibt, wie es uns besser gehen kann. Diese Gewissheit ist Lebenswissen im Sinne von Weisheit. Die Stimme, die uns zuflüstert »Du weichst von deinem Leben ab«, ist Lebensweisheit und sie äußert sich manchmal in einer Verstimmung, obwohl auf den ersten Blick alles angenehm ist.

Gewissen wurde lange mit dem Begriff der gängigen Moral in Verbindung gebracht. Viktor E. Frankl sah das anders: »Das Gewissen gehört zu den spezifisch menschlichen Phänomenen. Es ließe sich definieren als die intuitive Fähigkeit, den einmaligen und einzigartigen Sinn, der in jeder Situation verborgen ist, aufzuspüren. Mit einem Wort, das Gewissen ist ein Sinn-Organ.« Was mag das bedeuten, mit der intuitiven Fähigkeit den einmaligen und einzigartigen Sinn aufzuspüren? Solange wir leben, werden wir von einer Spannung zwischen Notwendigem und Möglichem herausgefordert. Wir erleben diese Spannung im Mögen und im Müssen. Wir werden immer wieder mit Situationen konfrontiert, die uns neu sind. Am Beginn einer Liebesbeziehung können wir uns nicht vorstellen, dass wir schon nach kurzer Zeit Spannungen ausgesetzt sind, die wir nicht kennen. Spannungen ganz anderer Art tauchen auf, wenn wir nach einer Trennung alleine leben. Freuen wir uns über die Geburt eines Kindes, ahnen wir nicht, womit wir in den nächsten Jahrzehnten überrascht werden. Die Sinnmöglichkeiten verändern sich mit den Lebensmöglichkeiten. Sinnerlebnisse sind von Mensch zu Mensch verschieden.

Die meisten von uns können sich nicht vorstellen, was es bedeutet, aus einem Konzentrationslager befreit zu werden. Lassen wir Viktor E. Frankl selbst zu Wort kommen in dem Ausschnitt eines Briefes, den er nach der Befreiung aus dem Konzentrationslager geschrieben hat.

Selbstverständlich habe ich die Absicht, aus Wien wieder zurückzukehren und meine Verwandten – sofern ich sie finde – mitzubringen. Das ist für mich eine eindeutige Gewissensentscheidung, über die zu diskutieren ich nicht bereit bin, da sie für mich nur allzu klar ist. Einst habe ich mich geweigert, in die Vereinigten Staaten zu gehen, obwohl ich ein Visum hatte: Ich konnte meine alten Eltern während des Krieges nicht alleine in Europa zurücklassen! Also blieb ich bei ihnen – andernfalls wäre ich nicht in die Konzentrationslager gebracht worden. Ich bereue in keiner Weise, mich so entschieden zu haben. Es war für mich schlicht eine Frage der Verantwortung; niemand konnte mich davon entbinden. Nun ist es dasselbe: Ich habe das sichere und bestimmte Gefühl, dass ich gehen muss, um meine Mutter und meine Frau zu finden. Und ich denke, dass Sie mir glauben werden, dass mir das einzig von meinem Gewissen vorgegeben wird. (...)
Ich spreche zu Ihnen von Mensch zu Mensch und bitte um Verständnis, aber ich halte es für das geringere Übel, einen geschätzten Menschen zu verletzen als das eigene Gewissen.

VIKTOR E. FRANKL[8]

Wie sind meine Lebenssaiten gestimmt?

Ein Musiker braucht zum Stimmen seiner Geige, seiner Gitarre oder seiner Harfe Zeit, Ruhe und ein gutes Gehör. Vier Saiten einer Geige sind schneller gestimmt als sechs Saiten der Gitarre. Die siebenundvierzig Saiten der Harfe erfordern von einer Musikerin noch mehr Mühe.
Noch mehr Feingefühl und Anstrengung erfordert das Stimmen der Lebenssaiten eines Menschen. Auf den ersten Blick haben wir eine Saite, nämlich die sichtbare Saite des Körpers. Nicht gleich sichtbar sind die beiden Saiten der seelischen und geistigen Dimension. Die Saite des Körpers lässt sich mit gesunder Ernährung und ausreichender Bewegung gut stimmen. Die Saite der Seele ist empfindsam, manchmal ist es die Saite eines Seelchens und schnell verstimmt. Die Saiten können reißen. Manchmal aus Überlastung und manchmal ohne Grund. Die Saite der geistigen Dimension reißt weder aufgrund von Überlastungen noch überhaupt ohne Ursache. Sie ist die Lebenssaite und lässt sich von uns nicht direkt stimmen, umstimmen oder verstimmen. *Sie* stimmt *uns*.

Trotzdem können wir über die Körpersaite und die Seelensaite einiges bewirken. Beispielsweise mit Hilfe folgender Fragen:

- Wie sind meine Lebenssaiten gestimmt?
- Welche Grundstimmung kenne ich überwiegend in mir?
  Dur oder Moll? Liebe und lebe ich mehr die fröhlichen Töne?
  Oder ist meine Stimmung mehr im Schwermütigen zu Hause?
- Wenn sich die Moll-Stimmung in mir ausbreitet, halte ich die Traurigkeit aus oder versuche ich schnell die Stimmung zu wechseln?
- Wie lange musste ich nach Noten spielen, die von anderen geschrieben wurden?
- Was wollten die anderen, dass ich spiele? »Was Ihr wollt« oder »Wie es euch gefällt«?
- Hatte ich die Möglichkeit, eigene Noten zu schreiben und meine ganz persönlichen Stücke zu schreiben?
- Was habe ich gespielt?
- Sind meine Lebenssaiten mehr von dem bestimmt und gestimmt, was die anderen sagen?
- Mag ich meine eigene Partitur schreiben?
- Kann ich meine eigene Partitur spielen?

Oder liegt meine Lebens-Partitur an einem besonderen Platz und ich hole sie nur von Zeit zu Zeit heraus, um sie anzuschauen?

- Was habe ich erlebt, wenn ich meine eigene Partitur gespielt habe?
- Habe ich mich wohl gefühlt beim Spielen meiner eigenen Melodie?
- Konnte ich mich freuen, wenn anderen meine Melodie gefiel?
- Was ist mit mir geschehen, wenn den anderen meine Melodie nicht gefallen hat?
- Habe ich meine Partitur an ihren Platz zurückgelegt und wieder die Melodie gespielt: »Wie es Euch gefällt«?
- Wie schnell lasse ich mich umstimmen?
- Wie geht es mir, wenn ich verstimmt bin?
- Spiele ich trotz eines verstimmten Instruments weiter?
- Nehme ich mir Zeit, mein Instrument zu stimmen?
- Womit stimme ich mein Instrument?
- Worauf stimme ich mich ein?
- Wie finde ich meine Stimmung und meine Töne wieder?

- Kenne ich die Versuche, mich als Gitarre gegen Posaunen behaupten zu wollen?
- Gab es auch Zeiten, in denen niemand mit mir spielen wollte?
- Habe ich dann allein ein Konzert gegeben?
- Oder habe ich mein Instrument in die Ecke gestellt?
- Was würde ich gerne einmal spielen?

Diese Fragen können uns als Stimmgerät dienen und damit sie tatsächlich als solches wirken, müssen wir behutsam und wohlwollend mit uns und den Fragen umgehen. Die Fragen sind keineswegs als anklagende Gewissenserforschung gedacht, sondern als Anregung, sich selbst und dem Leben auf die Spur zu kommen.
Eine weitere Möglichkeit, dem Leben auf die Spur zu kommen und sich zu stimmen, sind Texte von Menschen, die uns berühren und uns zum Nachdenken und Handeln bringen.
Der 1915 in den französischen Pyrenäen geborene und 1968 gestorbene Thomas Merton, ein Mönch und Dichter, schrieb über sechzig Bücher. In den spirituellen Werken dieses christlichen Mystikers finden wir mehrere Protesterklärungen gegen die Politik der Regierung, gegen den Krieg und die Aufrüstung, gegen die menschliche und wirtschaftliche Ungerechtigkeit in der amerikanischen Ge-

sellschaft. Der nachfolgende Text von ihm könnte die Frage nach dem Wohlbefinden wesentlich bereichern:

> Wenn du mich kennen willst, frag nicht, wo ich lebe, oder was ich gerne esse oder wie ich mein Haar kämme, sondern frag mich, wofür ich lebe, genau im Einzelnen, und frag mich, was nach meiner Meinung mich davon abhält, völlig für die Sache zu leben, für die ich leben will.
>
> (aus: DOROTHEE SÖLLE, *Mystik und Widerstand)*

Und Viktor E. Frankl schrieb nach der Befreiung aus dem Konzentrationslager, wie er es erlebte, dass – in unseren Worten gesprochen – seine Lebenssaite nicht schwingen konnte:

> Da kommt man zu einer Wiese. Da sieht man blühende Blumen auf ihr. Man nimmt dies alles zur Kenntnis, aber – nicht »zum Gefühl«. Der erste kleine Funke von Freude sprüht auf, sobald man einen Hahn bemerkt, der prächtige vielfarbige Schwanzfedern hat. Aber es bleibt bei einem Freudefunken, und noch hat man nicht teil an der Welt. Dann setzt man sich unter einen Kastanienbaum, auf eine kleine Bank; weiß Gott, welchen Ausdruck da das Gesicht annimmt –, jedenfalls: noch macht die Welt keinen Eindruck ...
>
> Tage vergehen, viele Tage, bis sich nicht bloß die Zunge löst, sondern irgendetwas im Innern gelöst wird, und bis dann plötzlich das Gefühl eine Bresche schlägt in jene merkwürdige hemmende Barriere, von der es bis dahin noch eingedämmt war.

Befähigen uns weder Fragen an uns selbst noch Texte von anderen Menschen, unsere Lebenssaiten zu stimmen, dann bleibt uns die »Wunderdroge« Musik. Wenn wir uns bewusst machen, in welchem Ausmaß Musik unser Gehirn stimulieren kann, dann würden wir viel bewusster und aktiver Musik hören. Wie kaum etwas anderes fördert Musik die Entwicklung und die Entstehung neuronaler Netzwerke in unserem Gehirn. Mit Hilfe von Musik können wir mühelos Freude erleben und dies auch in schwierigen Zeiten.

Fünf Minuten Lebenskunst

Ich kann mir keinen anderen Ursprung der Musik erklären als einen göttlichen. Aus der Berührung mit Musik geht niemand unverändert in seinen Alltag zurück – oder er ist nicht berührt.

Nicolaus Harnoncourt

- Ich nehme mir bewusst Zeit zum Musikhören und tue – wenigstens fünf Minuten lang – nichts als Musik hören.
- Höre ich ein Lied oder eine Klangfolge, die mir besonders gut tut, lasse ich mich ein. Ich höre wieder und wieder – ohne mir dabei seltsam vorzukommen.
- Wenn der Alltag zu vehement über mich herfällt, gönne ich mir und meinem Gehirn eine Pause. Ich verwöhne uns beide mit Musik ...

Grenzen des Verzeihens

»Nun sei endlich wieder gut!«
»Verzeih halt, so schwierig kann es doch nicht sein!«
»Wenn du verzeihen würdest, dann ginge es dir besser!«
Diese Sätze mögen Sie dann und wann schon selbst gehört oder auch gesagt haben.

Es stimmt, mir geht es besser, wenn ich verzeihen kann – nur kann ich es mir weder selbst befehlen, noch können die Kunst des Verzeihens andere einfordern. Dieses Kapitel ist als Ermutigung gedacht und liegt mir besonders am Herzen. Wenn sich das Empfinden gegen die Forderung, »Du musst verzeihen«, wehrt oder das Gefühl auftaucht, dass mich niemand versteht, dann ist es ratsam, den Verstand zu bemühen und genau hinzuschauen.

Gerade beim Verzeihen drängt sich die Frage auf, wie lange man tatsächliche Schikanen hinnehmen muss, um am Ende nicht erneut in eine Phase eskalierender Konfrontation zu geraten? Wann verwandelt sich Vernunft in Schwäche, eine Schwäche, die schließlich erneut zu Konflikten führt?

Viktor E. Frankl wurde wegen seiner Menschlichkeit und seiner Fähigkeit zu verzeihen, immer wieder Angriffen und Vorwürfen ausgesetzt. Sein Kommentar dazu lautete wie folgt: »Wäre es denn besser, es jedem recht zu machen und lieber nichts zu sagen, was der Rede wert wäre? Soll ich meine tiefsten Überzeugungen verschweigen, nur um oberflächliche Zustimmung zu ernten? Und was ist letztendlich wichtiger – Schein oder Sein?« (aus: *Haddon Klingberg jr., Das Leben wartet auf Dich, S. 328*)

Nachdenken über Verzeihen

Wenn wir den Akt des Verzeihens über den Verstand befehlen könnten, dann bräuchten wir jetzt nicht weiter darüber nachzudenken. Dann könnten wir dem Wissen, der Härte sich selbst und anderen gegenüber und der immer währenden Sachlichkeit das Verzeihen übertragen. Doch so ist es nicht.

Kaum etwas wird mehr von Emotionen begleitet als die Fähigkeit und manchmal die Forderung, verzeihen zu können. Was ist geschehen, dass Verzeihen überhaupt notwendig wird? Etwas für uns Wertvolles wurde abgewertet und nicht ernst genommen. Wir sind gekränkt. Die meisten Verletzungen geschehen jedoch nicht in böser Absicht, sondern einfach deshalb, weil unser Gegenüber unser Wertvolles nicht kennt. Am Grunde der Verletzung liegt immer ein Wert, eine Kostbarkeit, und dieses Kostbare konnte oder kann nicht gelebt werden und das schmerzt.

»Ich vergebe dir« ist im besten Falle ein Versuch und, selbst wenn gut gemeint, zumeist nichts als ein kurzfristiger Betrug unserer selbst bzw. eine wohlwollende Irreführung anderer. Denn oft versuchen wir zu früh, dem anderen zu »vergeben«, indem wir zu ihm sagen: »Es ist gut« und »Jetzt hör auf damit«. Solange uns eine wirkliche Verletzung weh tut und schmerzt, sollten wir nicht so schnell von Vergebung sprechen, weil wir nicht die Kraft haben, es durchzuhalten. Wenn wir dem anderen wirklich zutrauen, dass er Einsicht und guten Willen besitzt, sollten wir eher versuchen, miteinander ins Gespräch zu kommen und einander zu sagen, wie weh etwas getan hat und warum ein unbedachtes Wort, eine Nachlässigkeit, vielleicht auch eine gezielt geplante Grausamkeit, so sehr geschmerzt hat. Solange Wunden nicht geheilt sind, verfügen wir nicht über die Weitherzigkeit, die zur Vergebung nötig ist. (aus: *Eugen Drewermann, Zeiten der Liebe, S. 120)*

Wenn Menschen die Meinung vertreten: »Uns hat es auch nicht geschadet«, werden sie mit diesem Text nicht viel anfangen können. In solchen Aussagen schwingt meist eine leise Verbitterung mit. Beim Nachdenken über das Verzeihen ist eines wesentlich: Diskussionen, ob das Wertvolle, das beleidigt oder verletzt wurde, wirklich wertvoll genug sei, um verletzt zu sein, helfen nicht weiter. Eher schon ein Ausspruch von Hermann Hesse: »Man muss jedes Zuviel, jedes Überschreiten des eigenen Maßes büßen, man darf ungestraft weder im Eigensinn noch im Anpassen zu weit gehen.«

Harmonie und Verzeihen

Dort, wo die Harmonie oder das Harmoniestreben als oberster Wert gilt, wird es für uns ziemlich schwierig, andere Werte zu leben. Manchmal ist ein Gewitter – wie in der Natur – nötig, um nach der unerträglichen Schwüle Klarheit zu schaffen. Manchmal passiert es, dass wir uns um

Klarheit bemühen. Gerade der Wunsch nach Klarheit kann unserem Gegenüber Angst machen. Statt Klarheit entsteht jene Harmonie, die mehr ein fauler Friede ist. Diese Art von Harmonie hat ihren Preis. Der Preis, den wir für den faulen Frieden bezahlen, ist sehr oft der Verzicht auf das Kostbare.
Hermann Hesse, dessen Herz an der deutschen Sprache hing, schrieb einen gewitterähnlichen Brief an eine Frau, die ihm ihre Gedichte schickte: »Bitten möchte ich Sie, mir nicht mehr zu schreiben. Sie haben von mir, meinem Wesen und Glauben nicht die leiseste Ahnung. Und möge Gott, mit dem Sie ja so viel zu tun haben und der auch die herrliche deutsche Sprache der Welt geschenkt hat, Ihnen die schrecklichen Verse verzeihen, mit denen Sie diese Sprache missbrauchen« (*Hermann Hesse, Die Antwort bist du selbst, S. 26*).

Um noch einmal deutlich zu machen, dass es beim eigenen Maß nicht um Willkür geht, sondern um einen Wert, hier der wunderbare Text von Dietrich Bonhoeffer über das Qualitätsgefühl. »Wenn wir nicht den Mut haben, wieder ein echtes Gefühl für menschliche Distanzen aufzurichten und darum persönlich zu kämpfen, dann kommen wir in einer Anarchie menschlicher Werte um (...) Wenn man nicht mehr weiß, was man sich und anderen schuldig ist, wo das Gefühl für menschliche Qualität und die Kraft, Distanz zu halten, erlischt, dort ist das Chaos vor der Tür.«[9]
Bei der Kunst des Verzeihens ist eines wesentlich: das Unterscheiden lernen. Geht es mir um Harmonie? Oder geht es um das Kostbare, das mich berührt und mir am Herzen liegt?

Das größte Leid ist das, was sich der Mensch selbst antut.

Manès Sperber

- Gründet mein Maß in einer Sichtweise des Lebens, die geprägt ist von der Liebe, der Zuwendung, des Vertrauens und der Achtsamkeit?
- Oder ist meine Sichtweise von Besserwisserei, Rechthaberei und dem Festhalten an unumstößlichen Regeln und Prinzipien geprägt?
- Ist mir der Unterschied zwischen Konsequenz und Strafe bewusst? Das Verändern von Gewohnheiten ist manchmal eine not-wendende Konsequenz.

Selbstvertrauen und Verzeihen

Das, was beim »Verzeihen-Müssen« meistens leidet, ist unser Selbstvertrauen. Wir vertrauen uns nicht, beginnen zu zweifeln und glauben, einen Fehler gemacht zu haben. Häufig beginnt der Teufelskreis der Grübelei damit, dass wir uns einbilden, wir seien der alleinige Grund für den Konflikt gewesen. Die Unterscheidung zwischen unangenehmen Gefühlen und authentischem Gespür tut hier besonders gut. Um den Unterschied besser kennen zu lernen, lesen Sie in Ruhe den folgenden Text von Ulrich Schaffer:

Du hast das Recht, dich vor Menschen zu
schützen, die sich verschlossen haben,
die dich nicht verstehen wollen, die schon meinen,
dich zu kennen,
die respektlos mit deiner Meinung umgehen,
die dir sagen, was du denken sollst.
Du hast ein Recht, dich abzuwenden,
sie stehen zu lassen, sie nicht mehr einzuladen,
ihren Worten kein Gewicht zu geben,
einen Bogen um sie zu machen
und dich nicht immer wieder zu erklären,
als würdest du sie mit ihrer Entscheidung nicht
ernst nehmen.[10]

Welche Stimmung ist in Ihnen beim Lesen entstanden?

Eine leise Traurigkeit? Eine Spur von Erleichterung? Und kurz darauf: »Nein, so überheblich kann ich doch nicht sein?«

Oder war da mehr ein Gefühl von Überlegenheit? Und kurz darauf: »Da brauch ich gar nicht weiterzulesen, der schreibt endlich, was ich denke?«

Falls Sie mehr jene leise Traurigkeit gespürt haben, lesen Sie den Text noch einmal. Vielleicht kennen Sie jemanden, mit dem Sie reden können, und vielleicht versuchen Sie eines Tages, sich doch zu schützen.

Falls sich in Ihnen das Gefühl von Überlegenheit breitgemacht hat, möchte ich Ihnen empfehlen, doch noch einmal hinzuschauen. Überlegenheit eignet sich nicht zur Beziehungsfähigkeit. Vielleicht ist es Ihnen unangenehm, über Ihr Verhalten nachzudenken? Dadurch kann es passieren, dass Sie andere immer wieder verletzen.

Sich selbst und dem Leben Freund sein ist besonders beim Verzeihen eine Kunst, die viel Übung erfordert. Offenheit, Ehrlichkeit und Aufrichtigkeit uns selbst gegenüber könnte uns vor Verbitterung und Einsamkeit bewahren und vor allem aus dem ständigen Gejammer, wie schlecht die Welt ist, befreien.
Herzensanliegen sind es wert, geschützt zu werden. Gehen Sie achtsam mit den Menschen und Dingen um, die für Sie wertvoll sind. Verlangen Sie nicht, dass diese Dinge allen wertvoll sind. Vor allem werten Sie die Dinge nicht ab, nur weil sie den anderen nicht so viel bedeuten wie Ihnen. Am Ende des Kapitels über die Grenzen des Verzeihens noch eine Erinnerung: In unserem eigentlichen Zuhause, in der geistigen Dimension, sind wir nicht verletzbar und auch nicht zu beleidigen, da sind wir traurig.

»Nenn mir einen praktischen, hier auf Erden greifbaren Nutzen der Spiritualität«, sagte der Skeptiker, der Lust auf einen Disput hatte.

»Zum Beispiel diesen«, sagte der Meister. »Wenn dich jemand beleidigt, kannst du deinen Geist in Höhen erheben, wohin Beleidigungen nicht gelangen können.«

ANTHONY DE MELLO[11]

Im Zweifelsfalle genießen

So oft wir in den Prater gingen, hat Viktor bei den wildesten Karussells und Flugsimulatoren mitgemacht. Mir war das richtiggehend unheimlich, aber er hat das genossen. Irgendwann dürfte dann in ihm der Wunsch gereift sein, selber fliegen zu lernen. Eigentlich wollte er auch gerne Fallschirm springen – das war ein Jugendtraum von ihm. Das Fliegen war die zweitbeste Lösung.

ELEONORE FRANKL
(aus: *Begegnungen in der Mariannengasse, S. 98*)

Viktor E. Frankl war ein Mensch, der das Leben und die Arbeit genießen konnte. »Leben Sie so, dass Sie nie Urlaub machen müssen.« Diesen Gedanken hat er uns mitgegeben. Im Zweifelsfalle genießen. – Was sollen wir uns darunter vorstellen? Manchmal verwechseln wir Genießen mit Nichtstun. Das ist ein weit verbreitetes Missverständnis. Im Duden steht, dass genießen von »fangen« und »ergreifen« kommt. Vermutlich lächelt das Leben leise, wenn wir uns in unseren Vorstellungen verfangen haben: »Der hat seine Pension gar nicht genießen können.« »Der hat auch nichts von seinem Leben gehabt, der hat ja nur gearbeitet.« Welche Vorstellungen haben wir eigentlich vom Leben? Wer bringt uns auf die Idee, dass Genießen nur möglich ist, wenn wir nicht arbeiten müssen?

Wer nicht genießt, wird ungenießbar.
Noch kriegt ihr mich nicht dran,
es gibt noch viel zu viel zu tun.
Auf diesem Lorbeer, der erstickt
und träge macht, will ich nicht ruhn.

Mich lockt das Ungetane. Und
zum Sterben bleibt noch so viel Zeit.
Die Sattheit, die man uns verspricht,
bezahlen wir mit Einsamkeit.
...

KONSTANTIN WECKER[12]

Was gibt es noch zu tun? Was ist hier im Lied gemeint? Die Notwendigkeiten des Alltäglichen verstellen uns manchmal den Blick auf die Möglichkeiten. Wir brauchen Mut zum Außergewöhnlichen und zum Wertvollen. Das Wertvolle ist das, was uns am Herzen liegt und manchmal in unserem Gespür verborgen ist. Und was bedeutet der Lorbeer und was erstickt er? Ich vermute, mit dem Lorbeer meint Konstantin Wecker die Anpassungsfähigkeit, die Bequemlichkeit, das Beschwichtigen und den Gedanken, »Wir sind am Ziel!«. Lassen wir uns nicht unsere Wünsche nach Lebendigkeit vom Lorbeer ersticken.

Hindernisse beim Genießen – und wie überwindet man sie?

In der Wiese liegen und mit der Seele baumeln ist ein ganz wunderbarer Zustand. Nur was tun, wenn unsere Seele keine Freude am Baumeln hat? Im Alltag arbeiten und die Tätigkeit genießen, ist ein ganz besonders wunderbarer Zustand. Nur was tun, wenn die Arbeit keine Freude macht und uns nicht erfüllt?

Wie gehen wir damit um, wenn uns die Ruhelosigkeit nicht in Ruhe lässt? In der Ruhelosigkeit spüren wir, dass wir auf zu viele Fragen antworten. Daraus entsteht das Gefühl, dass wir etwas versäumen. Das Irrlicht, »endlich nichts tun zu müssen«, hört erst dann auf, falsche Signale zu senden, wenn wir es auslöschen. Die Lebensfreude liegt nicht nur im Nichtstun, sondern im Übernehmen einer Aufgabe. Bei dem großen Angebot an Möglichkeiten werden wir immer etwas versäumen. Erinnern wir uns an die Grenze unserer menschlichen Möglichkeiten und besinnen wir uns auf die Weitsicht unseres Herzens.

Im Nichtstun haben wir außerdem viel zu viel Zeit, über Dinge nachzudenken, die nicht in Ordnung sind. Manche Menschen machen sich Gedanken über aktuelle und weniger aktuelle Frechheiten, mit denen sie konfrontiert wurden. Wenn wir von einer Aufgabe in Anspruch genommen sind, kommen wir wesentlich seltener zum Grübeln, was uns andere schuldig geblieben sind.

Meist tritt das Gedankenkarussell in Aktion, wenn unser Körper baumeln will. Kennen Sie das? Sie legen sich hin und wollen genießen und das Karussell der Gedanken beginnt. Wir könnten auch sagen, der innere Dompteur be-

ginnt sein Training mit uns. Trainieren wir doch unseren inneren Dompteur! Wen will er denn trainieren, wenn wir liegen bleiben?
Eine Übung, die uns der Lebenskunst näher bringt und außerdem den inneren Dompteur in die Schranken weist, braucht ein bisschen länger als fünf Minuten.

Mehr als ›Fünf Minuten Lebenskunst‹

Ein Mensch, der Ideale hat,
der hüte sich, sie zu erreichen!
Sonst wird er eines Tages statt
sich selber, anderen Menschen gleichen.

Eugen Roth

Wir brauchen Ideale zu unserer Orientierung. Gefährlich leben wir, wenn wir ein Ideal zum Tyrannen ernannt haben. Das Leben stellt uns weder täglich dieselben Fragen, noch fragt es uns in der Nacht das Gleiche wie am Tag. Viktor E. Frankl unterteilt unser Repertoire von inneren Einstellungen wie folgt:

Die schlechte Aktivität
Diese Einstellung ist geprägt von sinnlosem Ankämpfen gegen Tatsachen. In der schlechten Aktivität funktionieren wir wider jede Vernunft. Das Gefühl hat sich verabschiedet. Der Vergleich mit dem Begriff »Burn-out«, wie er in der Raumfahrt gebraucht wird, eignet sich sehr: Brennschluss, das heißt der Zeitpunkt, in dem das Triebwerk ei-

ner Rakete abgeschaltet wird und der antriebslose Flug beginnt. Das Triebwerk des Menschen ist sein Gefühl und wenn dies nicht mehr brennt, ist im wahrsten Sinne nichts mehr los.
Der Übergang von der schlechten Aktivität zur schlechten Passivität vollzieht sich in den meisten Fällen unbemerkt.

Die schlechte Passivität
Diese Einstellung kennen viele Menschen. Anpassung und blinder Gehorsam gegenüber Gewohnheiten haben zum Scheuklappendenken geführt. Solange der Alltagstrott jeden Anspruch verhindert, gibt es kaum Probleme. Die äußere Anpassung entspricht der inneren Leblosigkeit. Verändern sich die Bedingungen, wird die schlechte Passivität zum Tyrannen: »Weil dir dies oder jenes passiert ist, kannst du gar nichts tun.« Das Selbstmitleid wird uferlos. Wenn wir im Meer des Selbstmitleids schwimmen, nehmen wir eine Luftmatratze nicht wahr. Nicht einmal ein richtiges Rettungsboot erscheint uns als sinnvolle Möglichkeit, um wieder Boden unter den Füßen zu spüren.
Die Chance, aus der schlechten Passivität herauszukommen, besteht im Ergreifen der rechten Aktivität. Wesentlich ist, dass es ergreifen heißt und nicht verzögern.

Die rechte Aktivität
Diese Einstellung hat eine ganz besondere Qualität und erfordert eine hohe Sensibilität. Die Gefahr der schlechten Aktivität lauert genauso wie die der schlechten Passivität. Die rechte Aktivität liegt im Erkennen und Verwirklichen der realen Lebensmöglichkeiten. Den erfüllbaren Sinn auf dem Hintergrund der Wirklichkeit zu ahnen, hat mit dem Aufspüren und Wahrnehmen von Werten zu tun. Über-

triebenes Leistungsdenken, »Das muss man doch!«, stört und zerstört das eigene Mögen. Dem eigenen Mögen zu vertrauen, ist das Vermögen, das uns kein Dieb stehlen kann. In der rechten Aktivität meldet sich unser Vermögen kreativ und erfinderisch zu Wort.

Die rechte Passivität

Diese Einstellung ist von der Weitsicht des Herzens und von innerer Ruhe geprägt. Diese Ruhe schützt uns vor unnötigen Aktivitäten und unerledigten Dingen. Die rechte Passivität kennt das uneingeschränkte Kooperieren mit dem Unvermeidlichen. Deshalb eignet sie sich nicht zum Tyrannen. Die rechte Passivität ist uns erst dann vertraut, wenn wir bereits schmerzlich erlebt haben, dass unsere Funktion ersetzbar ist und die Welt ohne uns auskommt. Das Training für diese Einstellung ist in den meisten Fällen erst dann durchführbar, wenn schlechte Aktivität nicht mehr möglich ist.

Wie schaut das Trainingsprogramm für rechte Passivität aus? Wem Bücher lesen vertraut ist, der hat schon einen Vorsprung.

- Zeit nehmen zur Auseinandersetzung mit der persönlichen Einstellung.
- Musik auswählen und hören – keine Musik am laufenden Band.
- Kurzgeschichten, Kinderbücher oder Gedichte lesen (z.B. von Anthony de Mello, Heinz

Erhardt, Janosch, Ephraim Kishon, Astrid Lindgren, Christine Nöstlinger, Erika Pluhar, Eugen Roth, Peter Ustinov, Karl Valentin).

- Hörbücher hören – endlich ist dazu Zeit.
- Ermutigende Zitate in der Wohnung verteilt aufhängen: »Reicht dir das Leben eine Zitrone, mach eine Limonade daraus.«
- Cartoons sammeln und verschenken.
- Karten und Briefe schreiben.
- Leute anrufen und um einen Gefallen bitten.

Nur was in dir brennt,
was kein Wort benennt,
dauert über der Vernichtung Flammen.
Wärst du nicht geweiht zur Unsterblichkeit
bräch' die Schöpfung in sich selbst zusammen.

CARL ZUCKMAYER
Wahrheit und Vermächtnis, CD

Träume verstehen – das Leben spüren

»Der Traum verbindet den Menschen mit dem Unbewussten und mit den ihn tragenden seelischen Kräften«, sagt Carl Zuckmayer. Die Art und Weise, wie wir unser Leben in Tatsachen und Maßstäbe zu pressen versuchen, reicht für ein sinnvolles und ein erfülltes Leben nicht aus. Erfülltes Leben lässt sich weder mit Beweisen begründen noch mit dem scharfsinnigen Verstand fassen. Für das erfüllte und erfühlte Leben ist die Sprache des Traumes ähnlich der Sprache eines Freundes oder einer Freundin. Zu allen Zeiten und in vielen Kulturkreisen ist die Sprache der Träume unverzichtbar und in vielen Religionen gilt der Traum als Ort der Gotteserfahrung. »Denn einmal redet Gott und zweimal, man achtet nicht darauf. Im Traum, im Nachtgesicht, wenn tiefer Schlaf auf die Menschen fällt, im Schlummer auf dem Lager, da öffnet er der Menschen Ohr und schreckt sie und warnt sie« (Hiob 33,15). Der Traum wird im Buch Hiob als Warnung beschrieben. Im Straßenverkehr ist es ein Stoppschild, das uns vor dem unachtsamen Überfahren einer Vorfahrtstraße warnt. Der Traum hat manchmal dieselbe Aufgabe wie ein Stoppschild. Das Stoppschild weist uns nur auf eine Gefahr hin, es hindert uns jedoch nicht, ohne anzuhalten die Straße zu überqueren. Ebenso wenig hindert uns der Traum, unsere Gewohnheiten beizubehalten.

Wie können wir uns und unseren Träumen auf die Spur kommen?

Fragen führen uns hier sehr schnell zum Wesentlichen:

- Was fällt mir spontan zum Traum ein?
- Welche Stelle im Traum löst am meisten Staunen aus?

Versteckt sich im Traumgeschehen die Lebensspur zu anderen?

Welche Menschen, Tiere, Pflanzen, Landschaften und Dinge, die im Traum vorkommen, erinnern mich an Menschen, die ich kenne, und an Situationen, die mir vertraut sind?

- Welches Gefühl löst der Mensch, von dem ich träumte, in mir aus?
- Woran erinnert mich die Situation, von der ich träumte, in meinem Alltag?

Versteckt sich im Traumgeschehen die Lebensspur zu mir persönlich?

Menschen, Tiere, Pflanzen, Landschaften und Dinge, die im Traum vorkommen, können wir so betrachten, als ob sie ein Teil von uns wären.

Welche kreativen Einfälle der Traum hat, um unser Gespür zu beleben und uns auf unsere Gewohnheiten aufmerksam zu machen, möchte ich Ihnen an einem Traum deutlich machen, den ich vor einigen Jahren selbst geträumt habe:

> Meine Freundin lädt mich zum Schwimmen ein und wir gehen in ein Hallenbad. Als ich die Eintrittspreise sehe, vergeht mir die Lust am Schwimmen. Pro Person kostet der Eintritt 200 Euro. Meine Freundin weiß, dass Schwimmen mein Lieblingssport ist und bezahlt. Als wir in die Schwimmhalle kommen, liegen Menschen auf Badetüchern auf dem Wasser. Ich versuche zwischen den Leuten zu schwimmen. Es ist sehr anstrengend und mühsam, permanent einem »Wasserlieger« ausweichen zu müssen und nicht geradeaus schwimmen zu können. Ich beschwere mich an der Kasse, dass ich für so viel Geld nicht einmal schwimmen kann. Der Kassierer gibt mir Recht, doch er kann leider nichts daran ändern. Sein Chef erklärt mir, dass er in seinem Schwimmbad das ermöglicht, was die Mehrheit möchte. Schwimmen sei nicht mehr modern. Ich wache richtig wütend auf.

Was fällt mir spontan zu diesem Traum ein? – Ich schwimme für mein Leben gern.

Was erstaunt mich an diesem Traum am meisten? – Menschen liegen auf dem Wasser, ohne sich nass zu machen. Sie gehen auch nicht unter.

Welches Gefühl lösen diese Menschen in mir aus? – Ich bin verärgert und wütend darüber, dass sie nicht schwimmen und mir das Leben schwermachen.

Kenne ich diesen Ärger im Alltag? – Ja, natürlich. Ich bemühe mich ständig Rücksicht zu nehmen und trotzdem machen andere mir das Leben schwer.

Fällt mir jemand ein, der mir derzeit das Leben schwer-

macht? – Nein, es ist mehr allgemein und passiert mir immer wieder.
Könnte es sein, dass ich mir selbst das Leben schwermache? – Das höre ich immer wieder von anderen. Von anderen höre ich das aber gar nicht so gerne. Es ist, als ob mich der Traum auf eine Gewohnheit aufmerksam macht, die mir gar nicht gut tut. Anstatt mich zu beschweren, dass die anderen nicht »schwimmen« wollen, war es an der Zeit, mein Verhalten unter die Lupe zu nehmen und mich zu ändern.
Der Schwimmbadtraum machte mir deutlich, dass ich mir selbst das Leben schwermache.
Träume können zu einem Wegweiser für den eigenen Lebensweg werden. Träume weisen auf etwas hin, aber sie erledigen nicht das, was zu tun ist. Ein Wegweiser zeigt uns die Richtung an, gehen müssen wir den Weg schon selbst. Was Träume zu sagen haben, können wir alle lernen, wenn uns unsere Träume am Herzen liegen. Ein Traumlexikon, in dem Symbole erklärt werden, ist dazu nicht unbedingt erforderlich. Jeder Mensch trägt in sich seinen eigenen Zugang zu verschiedenen Symbolen. Träumt zum Beispiel ein Mensch, dessen Leidenschaft es ist, zu schwimmen, vom Wasser, dann träumt dieser Mensch von etwas, das er mag und das ihm etwas bedeutet. Eine völlig andere Bedeutung hat das Wasser für einen Menschen, der nicht gerne schwimmt und vor dem Wasser Angst hat.
Angst ist in vielen Träumen ein Thema und ein weiteres Thema bedrängt viele Menschen, die sich an ihre Träume erinnern: der Tod. Ernst Aeppli, ein Schüler von C. G. Jung schreibt dazu: »Aus Erfahrung von Tausenden und Abertausenden kleiner und großer Träume gewinnt man die Gewissheit, dass Träume vom Tode nie den leiblichen Tod verkünden, dass sie also nicht dunkle Voraussagen

sind« (aus: *Der Traum und seine Deutung, S. 351*). Sehr oft weist der Tod im Traum auf das Ende einer Beziehung hin oder dass seelisch etwas tot ist. Der Tod im Traum ist manchmal die Frage, ob ich authentisch lebe?

Häufige Themen in Träumen sind das Fallen, das Fliegen, das Nacktsein und das Laufen ohne weiterzukommen. Einige Fragen können bei diesen Traumerlebnissen weiterhelfen:

- Das Fallen

Das Fallen ist meistens mit Angst verbunden wie im realen Leben auch.
Ist es eine Warnung vor einem tatsächlichen »Sturz«? (Prüfung, familiäre Situation, unsicherer Arbeitsplatz)

- Das Fliegen

Beim Fliegen erleben die meisten Träumenden Freiheit und ein Gefühl der Unverletzbarkeit.
Bin ich im siebten Himmel?

- Das Nacktsein

Beim Nacktsein kommt es vor allem darauf an, wie ich im Traum meine Nacktheit empfinde.
Als Beschämung oder als Befreiung?
Wo komme ich mir im Leben gegenwärtig nackt, enthüllt, verletzt oder ungeschützt vor?

● Das Laufen ohne weiterzukommen

Aus den Laufträumen, in denen wir nie ankommen, wachen wir meistens erschöpft auf. Kenne ich diese Erschöpfung auch in meinem Alltag? Bemühe ich mich in einem Bereich, in einer Beziehung immer wieder und komme ich doch nicht weiter?

Wesentlich ist im Traum das Gefühl und nicht die Handlung. Im Traum bewegen wir uns losgelöst von Raum und Zeit. In unseren Träumen ist es uns möglich, Kontinente zu überwinden, und Jahrhunderte schrumpfen zu Augenblicken. Der sicherste Beweis, dass wir uns in einem Traum befinden, ist die Abwesenheit von Moral. Wir können ein richtiges Ekel sein und trotzdem geht es uns im Traum gut. Was die Traumarbeit so heilsam macht, ist ein tieferes Selbstverständnis durch Begegnung mit dem eigenen Leben. Dieses eigene Leben spüren heißt, jedes Gefühl als ein Lebensgefühl wahrnehmen und zulassen.
Kaum etwas schenkt uns mehr Selbstvertrauen und Geborgenheit als unsere Träume, die wir allnächtlich träumen. Auch wenn wir uns nicht an das Traumgeschehen erinnern, wachen wir doch manchmal in einer ganz eigenen Stimmung auf. Wir gehen zu Bett, freuen uns auf den Schlaf und auf den nächsten Tag. Am nächsten Morgen erwachen wir, müder als wir am Abend waren. Der umgekehrte Zustand ist ein ganz wunderbarer. Wir legen uns mit einem Problem ins Bett, schlafen schwer ein und wa-

chen wie neugeboren auf. Wenn wir so erfrischt aus dem Schlaf erwachen, haben uns Träume geholfen und unser Unbewusstes wusste wieder einmal mehr, als wir denken. In einer Gruppe, die sich mit Träumen beschäftigt, erzählt Herbert den folgenden Traum, ein Traum, der fast an ein Gleichnis aus der Bibel erinnert.

Ich träume von zwei Bauern, die ihren Hof und ihre Äcker nebeneinander haben. Beide haben Felder und bauen Weizen an. Sie haben kein Vieh. Der eine freut sich, dass sein Getreide wächst, und ist ein lebenslustiger Mann. Er genießt sein Leben, geht gerne in den Wald und schaut den Tieren zu. Er hat zwar wenig Geld, aber er ist zufrieden.
Der andere Bauer ist bestrebt, dass kein Unkraut zwischen seinen Ähren wächst, und beschwert sich bei seinem Nachbarn, dass bei ihm nichts Gutes wachsen kann, wenn der nicht endlich Unkraut jätet. Den Bauern, der sich an dem freut, was er hat, stört das nicht.
Es kommt die Ernte und es muss einige Jahrzehnte zurückliegen, denn die Ähren werden mit der Hand gedroschen. Beim Bauern, der schauen muss, dass er mit seinem Ertrag auskommt, ist die Ernte gering, aber er ist zufrieden.
Der andere Bauer treibt seine Mägde und Knechte an, immer schneller zu dreschen. Der Wind kommt auf und der Bauer sieht dies als gutes Zeichen, gerade jetzt noch mehr zu dreschen, um qualitativ hochwertiges Korn verkaufen zu können. Die Mägde und Knechte dreschen immer wilder und bemerken gar nicht, dass der Wind nicht nur die Spreu wegweht, sondern immer mehr vom guten Weizen. Der Weizen landet bei dem Bauern, der zuerst viel weniger gehabt hat.

Herbert wird um diesen Traum sehr beneidet. Er selbst kann mit dem Traum beim ersten Hinschauen nicht viel anfangen. Die Gruppe stellte ihm Fragen:
Was fällt dir spontan zu diesem Traum ein?
Man kann genießen, ohne sich zu plagen.

Was erstaunt dich an diesem Traum am meisten?
Es ist eigentlich ungerecht. Der eine plagt sich und am Ende geht es dem anderen gut.
Kennst du diese Situation in deinem Leben?
Ja, schon.
Gibt es eine konkrete Situation, auf die der Traum passen würde?
Konkret weniger, aber wenn ich auf mein Leben schaue, fällt mir ein, dass ich mich bemühe, alles richtig zu machen. Die Mägde und Knechte erinnern mich an meine Kinder. Manchmal bin ich wie der Bauer, der sie antreibt.
Könnte es sein, dass dir das Genießen schwerfällt?
Derzeit schon. Früher konnte ich wirklich genießen und war auch viel in der Natur. Momentan arbeite ich zu viel.
Kennst du und kannst du beides: genießen und arbeiten?
Natürlich kenne ich beides. Nur derzeit steht das Arbeiten so im Vordergrund, dass ich gar nicht auf die Idee komme zu genießen. Der Traum will mich wohl darauf hinweisen, dass ich zufriedener werde, wenn ich auf einen guten Ausgleich Wert lege.

An manchen Tagen können Träume nicht nur zum Wegweiser, sondern zu echter Lebenshilfe werden. Träume erinnern uns, dass unser Unbewusstes mehr vom Leben weiß, als wir mit unseren Argumenten, Beweisen und Vergleichen. Die Tatsachen und Maßstäbe, die in unserer Welt gelten, werden dem Leben nicht gerecht. Die Maßstäbe dessen, was sein kann, und dessen, was nicht sein darf, reichen für erfülltes Leben nicht aus. Erfülltes und erfühltes Leben lässt sich nicht in Tatsachen und Maßstäbe fassen, sondern nur: träumend und lachend.

Fünf Minuten Lebenskunst

Ihr seht und sagt: Warum?
Aber ich träume und sage: Warum nicht?

George Bernhard Shaw

- Haben Sie Interesse, Ihren Träumen auf die Spur zu kommen, legen Sie neben Ihr Bett einen Notizblock und schreiben Sie Stichworte aus Ihrem Traum auf. Legen Sie ein Traumtagebuch an.
- Schreiben Sie zu Ihren Notizen den ersten spontanen Einfall und versuchen Sie anhand der Fragen dem Traum zu begegnen.
- Sollten Sie sich an Ihre Träume nicht erinnern, versuchen Sie die Übung von S. 65.

Das Unbewusste und das Spiel

In Seminaren und Vorträgen über das Phänomen Traum werde ich immer wieder gefragt, was wir tun können, damit wir träumen? Wir alle träumen jede Nacht, nur wir erinnern uns nicht immer.
Für den spielerischen Zugang zu unserem Unbewussten gibt es viele Varianten, wie beispielsweise Traumreise und Imagination. Eines sollten wir allerdings nicht vergessen: Es gibt einen wesentlichen Unterschied zwischen Schlafbewusstsein und Wachbewusstsein. Die Träume, die uns allnächtlich im Schlaf erfreuen oder belasten, sind unbeeinflusst von unseren oberflächlichen Gefühlen und von unserem Verstand. Diese Träume kennen weder den Wunsch, anderen zu gefallen, noch ahnen sie etwas von berechnenden Absichten. Trotzdem sind die »absichtlichen« Imaginationen eine sehr hilfreiche und beliebte Möglichkeit, sich dem Unbewussten zu nähern.

Die nachfolgende Übung können Sie leicht ausprobieren. Sie brauchen dazu ungefähr eine Stunde Zeit, und ziemlich sicher werden Sie staunen, welches Potential in Ihnen schlummert.

Murmeltier trifft Rumpelstilzchen

- Welche Schwierigkeiten belasten Sie momentan am meisten?
- Wonach sehnen Sie sich am meisten?
- Erinnern Sie sich an ähnliche Situationen und daran, wie Sie diese bewältigt haben?
- Suchen Sie sich in Gedanken ein Tier, mit dem Sie sich in dieser Situation »verwandt« fühlen. Gleichen Sie einer »emsigen Ameise« einem »angriffslustigen Löwen«, einem »weinenden Kamel« oder dem »Adler, der als Huhn aufgewachsen ist«? Es gibt noch mehr Tiere.
- Welche Eigenschaften fallen Ihnen zu Ihrem Tier spontan ein?
- Suchen Sie in Ihrer Erinnerung eine Gestalt aus einem Märchen, eine Romanfigur, eine Filmpersönlichkeit oder eine Gestalt aus der Bibel.
- Welche Eigenschaften fallen Ihnen zur Ihrer Figur spontan ein?
- Lassen Sie Ihrer Fantasie freien Lauf und schreiben Sie einen Dialog mit den beiden Fi-

guren. Wahrscheinlich haben die gewählten Figuren einige wichtige Erkenntnisse und Ideen, von denen Sie gewusst haben – nur war es Ihnen noch nicht bewusst.

Hier ist ein Beispiel, was bei dieser Übung entstehen kann:

- Meine größte Schwierigkeit derzeit: Trotz allem Bemühen erlebe ich wenig Miteinander
- Meine größte Sehnsucht derzeit: Sehnsucht nach Gemeinschaft
- Ähnliche frühere Situationen: Lernen vor Mathematikschularbeiten
- Eigenschaften Murmeltier: verkriecht sich in seinen Bau, warnt die anderen durch Pfiffe
- Eigenschaften Rumpelstilzchen: kann Stroh zu Gold spinnen, denkt nur an sich
- Ein Dialog:

Rumpelstilzchen: Wieso verschwindest du in deinem Bau? Da kann ich dich gar nicht mehr sehen und da redet es sich so schwer.

Murmeltier: Ich mag nicht dauernd arbeiten, damit die anderen gut dastehen. Ich bin traurig und wenn ich traurig bin, will ich niemanden sehen.

Rumpelstilzchen: Möchtest du wissen, wie die anderen blöd dastehen und du gut?

Murmeltier: Nein – da ich es nicht mag, dass ich mir blöd vorkomme, wünsche ich das auch keinem anderen.

Rumpelstilzchen: Möchtest du wissen, wie man aus Stroh Gold spinnt?

Murmeltier: Was soll ich mit Gold. Das nützt mir doch nichts. Damit ich es im Winter warm habe, ist das Stroh doch viel feiner.

Rumpelstilzchen: Weißt du, was ich da jetzt sehe? Du hast eigentlich alles, was du brauchst. Du verwendest das Stroh, wie es ist, und bist nicht so verrückt wie die anderen, die aus Stroh Gold spinnen und dann in goldenen Betten frieren. Du hörst die Pfiffe deiner Familie, wenn es draußen gefährlich wird, und ziehst dich zurück in deinen Bau.
Das Einzige, was dir fehlt ist, dass nicht alle auf das Acht geben, was dir wichtig ist.

Murmeltier: Wieso hast du eigentlich dem Mädchen zuerst geholfen und als sie Königin wurde, wolltest du ihr Kind?

Rumpelstilzchen: Weil ich nicht nur geben kann, sondern auch etwas will.

Murmeltier: Das ist ja gut. Doch warum hast du etwas von der Königin verlangt, was ihr weh tut? Kannst du dir vorstellen, dass eine Frau ihr Kind freiwillig hergibt?

Rumpelstilzchen: Nein.
Murmeltier: Also was hast du dir dabei gedacht, von ihr etwas zu fordern, was sie dir nicht geben kann?

Rumpelstilzchen: Eigentlich nicht viel. Aber wenn du mich jetzt so fragst, kommt es mir so vor, als ob du ganz gut mit Schwierigkeiten umgehen kannst. Du weißt wenigstens, dass du manchmal alleine bist und dass dies gar nicht anders geht.

Murmeltier: Es mag sein, dass ich gelernt habe, mit manchen Schwierigkeiten alleine fertig zu werden. Doch das schaut nur so aus. Ich grabe dann von meinem Bau aus Gänge und ich treffe meistens ein anderes Murmeltier und wir reden dann so lange über das Problem, bis ich entdecke, dass es nicht nur Probleme gibt.

Im Anfang war die Tat

Geschrieben steht: Im Anfang war das Wort!
Hier stock ich schon! Wer hilft mir weiter fort?
Ich kann das Wort so hoch unmöglich schätzen,
Ich muss es anders übersetzen,
Wenn ich vom Geiste recht erleuchtet bin.
Geschrieben steht: Im Anfang war der Sinn.
Bedenke wohl die erste Zeile,
Dass deine Feder sich nicht übereile!
Ist es der Sinn, der alles wirkt und schafft?
Es sollte stehn: Im Anfang war die Kraft!
Doch auch indem ich dieses niederschreibe,
Schon warnt mich was, dass ich dabei nicht bleibe,
Mir hilft der Geist! auf einmal seh ich Rat
Und schreibe getrost: Im Anfang war die Tat!

JOHANN WOLFGANG VON GOETHE

Im Laufe eines Lebens versäumen wir viele Möglichkeiten. Bei der Vielfalt, die uns umgibt, tut es gut zu wissen, dass wir nie alle Werte verwirklichen können. Wir würden staunen, wie viel wir bewältigt haben, würden wir Wert für Wert aneinanderreihen. Bei einem Mosaik entsteht ein Bild dadurch, dass wir Stein für Stein nebeneinander auf einer Grundlage befestigen. Mit den Werten, die wir verwirklicht haben, ist es ähnlich. Sie bilden das Mosaik unseres Lebens und sind in unserer Vergangenheit »befestigt«. Jeder Wert leuchtet in einer anderen Farbe. In der Vergangenheit erkennen wir das Mosaik unseres Lebens. In der Vergangenheit ist nichts unwiderruflich verloren, sondern unverlierbar geborgen. Das unverlierbar Geborgene, wie Viktor E. Frankl dies beschrieben hat, sind die Taten, die wir vollbracht, und die Erlebnisse, die wir erlebt und empfunden haben. Die Mosaiksteine unserer Taten setzen sich aus den verschiedenen Aktionen zusammen.

Mehr als ›Fünf Minuten Lebenskunst‹

Die Fantasie tröstet die Menschen über das hinweg,
was sie nicht sein können,
und der Humor über das, was sie tatsächlich sind.

Albert Camus

Gestalten Sie Ihr eigenes Wertemosaik. Verwenden Sie jenes Material, mit dem Sie am liebsten arbeiten. Ein großes Blatt Papier und viele verschiedenfarbige kleine Karten oder einfach viele Farben eignen sich genauso wie Mosaiksteine, Glasstücke und Tonscherben mit dem dazu passenden Untergrund.

- Die *Taten,* die ich verwirklicht habe und die mir spontan einfallen, schreibe ich auf. Dann klebe ich sie auf Papier oder befestige die Glassteine auf einer Unterlage. Was gehört zu solchen Taten? Beispielsweise berufliches Engagement, soziale Aktionen wie ehrenamtliche Mitarbeit, das Erlernen eines Musikinstruments, die Pflege von Angehörigen und sehr vieles andere.

- Mit den *Erlebnissen,* die mir jetzt einfallen, mache ich es ebenso. Waren es Menschen, Urlaube, Feste, Konzerte, Sportereignisse, Theateraufführungen, Bücher, die mich beeindruckt haben, oder Musik, die mich ermutigt hat, und sehr vieles andere. Ich schenke jedem Ereignis einen Stein oder eine Karte. Auch den Schicksalsschlägen wie Unfall, Krankheit oder Tod widme ich einen Stein.
- Zwischen den Farbfeldern, den verschiedenfarbigen Karten oder den Glassteinen sind Zwischenräume entstanden. Diese Zwischenräume fülle ich mit meinem *Gefühl,* das ich im Augenblick spüre. Sollte kein Gefühl auftauchen, lasse ich den Platz leer. Für die Gefühle, die meine »Mosaiksteinchen« verbinden, verwende ich wieder Farben. Für Freude eine andere Farbe wie für Trauer. Für Wut und Zorn eine andere wie für Fröhlichkeit.

Das Wertemosaik könnte uns ermutigen, unsere Zukunft zu gestalten und Ziele zu definieren. Worauf möchten Sie schauen, wenn Sie in einem, in fünf oder zehn Jahren ein neues Wertemosaik kreieren? Worüber möchten Sie sich freuen? Wir alle können einiges dazu beitragen. Es liegt in unserer Verantwortung. Wir beantworten Lebensfragen im Wie, der Tatkraft unseres Lebens. Glück, Zufriedenheit, Erfolg und Anerkennung sind Folge unserer Taten, Erlebnisse und Einstellungen. Begeben wir uns aktiv auf Glücksuche, versteckt sich das Glück und ist meistens dort, wo wir nicht sind. Ähnlich ist es mit der Lust. Je mehr es uns um Lust geht, um so mehr vergeht sie uns.

Weckt ein neues Kochrezept unser Interesse, sind Notizen hilfreich. Doch aus Rezepten allein entsteht noch lange kein Essen. Die Zubereitung fordert unsere Energie und unsere Kreativität. Solange wir an Gedanken und Worten hängen bleiben und überlegen, geschieht noch nichts.

Beschriebene Musik ist wie erzähltes Mittagessen. Dieser Gedanke von Franz Grillparzer macht uns noch deutlicher, dass Worte ohne Tat nichts bewirken. Die Musik, die uns beschwingt und berührt, steht in einem Regal auf CD gebrannt. Solange die CD im Regal steht, kann sie uns nicht erfreuen. Wir brauchen die Tat: CD in den CD-Player und einschalten.

Das Verharren im endlosen Schweben und Abwägen von Entscheidungen bringt uns dem Tun nicht näher. Menschen, die sich vertrauen, ziehen die Reißleine des Fallschirms der Entscheidung und verlassen sich darauf, dass der Boden für eine gute Landung bereit ist. Bleiben wir zu lange im Schwebezustand, weil wir akribisch nach dem besten Boden zum Landen suchen, kann es passieren, dass wir eine Bruchlandung verkraften müssen. Ein Restrisiko wartet auf uns in jeder Entscheidung. Die Erinnerung an Shakespeare könnte helfen: Oft büßt das Gute ein, wer das Bessere sucht.

Natürlich gibt es Entscheidungen, die mit der Umsetzung eines Kochrezeptes nicht vergleichbar sind. Kochrezepte verlangen wenig Risikobereitschaft und eigentlich keine Zivilcourage. Für andere Menschen und deren Menschenwürde einstehen, erfordert mehr. Holen wir für andere die Kastanien aus dem Feuer, haben wir damit zu rechnen, belächelt und verspottet zu werden. Wollen wir uns selbst und unseren Werten treu bleiben, erfordert dies unglaublich viel Mut und Standvermögen. Selbsttreue schützt uns nicht vor Hilflosigkeit und Ohnmacht, die sich beide ausbreiten, wenn wir uns nicht verstanden fühlen. Selbsttreue schützt auch nicht vor dem Alleinsein, aber sie macht uns authentisch. Selbsttreue ist ein Ausdruck von: »So wahr mir Gott helfe, ich kann nicht anders.« Manche Menschen, die sich – wie Martin Luther – selbst treu geblieben sind, finden wir in der Menschheitsgeschichte wieder. Konstantin Wecker hat in seinem Lied »Die weiße Rose« die Authentizität und die Zivilcourage von Sophie und Hans Scholl wunderbar besungen:

Ihr wärt heute genauso unbequem
wie alle, die zwischen den Fahnen stehn,
denn die aufrecht gehn, sind in jedem System
nur historisch hochangesehn.
Ihr wärt hier so wichtig, Sophie und Hans,
Alexander und all die andern,
eure Schlichtheit und euer Mut,

euer Gottvertrauen – ach, tät das gut!
Denn die Menschlichkeit, man kann's verstehn,
ist hierzuland eher ungern gesehn
und beschloss deshalb auszuwandern.

Niemand verlangt von uns, dass wir Heldentaten vollbringen, und wir sollen dies weder von uns noch von anderen fordern. Die Bewältigung des Alltags fordert heute in vielen Bereichen genug und manchmal zu viel. Nehmen wir uns nicht zu viel vor, wir enttäuschen uns selbst, wenn wir unsere Vorsätze und Vorstellungen nicht realisieren können. Realistische Ziele zu erreichen, ermutigt uns und schenkt uns Lebensfreude. Wenn wir die Fragen beantworten, die uns das Leben stellt, haben wir genug zu tun.

> Ein Freund von mir, der ein sehr starker Raucher war, sagte einmal: »Über das Rauchen gibt es doch alle möglichen Witze. Man erzählt uns, dass Rauchen uns umbringt, aber sieh dir doch die alten Ägypter an; sie sind samt und sonders tot, und kein Einziger hat geraucht.«
> Eines Tages bekam er Probleme mit seiner Lunge und musste sich im Krebsforschungszentrum in Bombay untersuchen lassen. Der Arzt sagte: »Pater, Sie haben zwei Schatten auf der Lunge, das könnte Krebs sein. In vier Wochen möchte ich sie wieder sehen.«
> Seitdem hat er keine einzige Zigarette mehr angerührt. Vorher *wusste* er, dass Rauchen tödlich sein kann, nachher war er sich dessen *bewusst.* Das ist der Unterschied.
>
> Der Gründer des Jesuitenordens, der heilige Ignatius von Loyola, verwendet einen schönen Ausdruck dafür. Er nennt es die Wahrheit schmecken und fühlen – nicht sie wissen, sondern schmecken und fühlen, ein Gefühl für sie bekommen.
>
> ANTHONY DE MELLO

Was sagt uns diese Geschichte? Solange wir wissen, was uns gut tun würde, tun wir es nicht. Ändern werden wir uns erst, wenn wir für das Wertvolle ein Gefühl bekommen. Bekommen wir für das Wertvolle, das wir selbst sind, ein Gefühl, dann sind wir fähig, Wünsche an uns selbst zu richten.

Vier Wünsche, die ich vor einiger Zeit in mein Tagebuch geschrieben habe:

- Keine Fragen stellen, ob es recht ist, dass ich meine Ideen umsetze – einfach tun.
- Zeit nehmen für das Tagebuchschreiben und anstatt der Tatsachen die tiefen Gefühle, die damit verbunden sind, beschreiben.
- Hilfe von außen in Anspruch nehmen und mich nicht entschuldigen, dass ich störe.
- Auf mein Leben schauen und gewiss werden, dass ich nicht zu kurz komme.

Freude und Dankbarkeit

Ohne Grund im Grund des Lebens ist die wirkliche Freude nicht da, unser Freuen ist dann immer auf Anlässe und Sachen bezogen, aber die wirkliche Freude, die Lebensfreude, das Glück, am Leben zu sein, ist nicht eine Freude, weil es Erdbeeren oder schulfrei oder einen wunderbaren Besucher gibt. Die wirkliche Freude ist ohne Warum, ›sunder warumbe‹, wie mein bester Freund aus dem Mittelalter, der Meister Eckhart, sagt.

DOROTHEE SÖLLE[13]

Die wirkliche Freude ist ohne Warum. Haben Sie das schon einmal erlebt? Die Freude ohne äußeren Grund? Plötzlich taucht Freude in uns auf und wir wissen nicht woher? Diese Freude kommt aus unserer inneren Quelle und wenn sie zu sprudeln beginnt, belebt sie Seele und Körper. Zum Glücklichsein brauchen wir einen Anlass oder ein Ereignis. Die Freude freut sich auch über Ereignisse, doch ihre eigentliche Heimat ist der Grund des Lebens.

Menschen, denen das Leben so viel bedeutet, dass sie sich über das Leben freuen, obwohl es nicht immer angenehm ist, sind eine Bereicherung für unser Leben und unsere Welt. Kennen Sie Menschen, die zum Leben und zur

Mühe ganz selbstverständlich ja sagen? Albert Schweitzer war so ein Mensch und er meinte: »Jahre runzeln die Haut, aber Enthusiasmus aufgeben runzelt die Seele.« Wir brauchen diese Menschen. Damit viele dieser Menschen auf unserer Erde herumlaufen, sollten wir uns über unsere Begeisterungsfähigkeit freuen und mutiger zu unserem Enthusiasmus ja sagen, anstatt ihn ängstlich zu vermeiden.
Albert Schweitzer prägte nicht nur den Begriff »Ehrfurcht vor dem Leben«, sondern er setzte neben seinen wunderbaren Worten sehr viel Tatkraft dafür ein. »Die Ethik der Ehrfurcht vor dem Leben begreift also alles in sich, was als Liebe, Hingabe, Mitleiden, Mitfreude und Mitstreben bezeichnet werden kann«, formulierte er.
Für bestimmte Situationen in unserem Leben gibt es Menschen, die untrennbar mit unseren Lebenswegen verbunden sind. Erinnern wir uns an sie, taucht spontan eine tiefe Dankbarkeit auf. Solche Menschen können uns im Berufsleben begegnet sein. Es kann eine Lehrerin gewesen sein oder ein Arzt, der wenig von uns kennt und uns trotzdem besser kennt als nahe Angehörige. Für mich gehört meine Großmutter zu diesen Menschen. Ihre außergewöhnliche Lebensweise war fest verankert in einer unerschütterlichen Religiosität und drückte sich in heiterer Gelassenheit und Lebensfreude aus.

Wenn ich nicht jeden Tag Zufriedenheit in mir verspüre, Dankbarkeit meinem Dasein gegenüber, lebe ich falsch.

Hans Kruppa

- Spüre ich spontan Dankbarkeit meinem Dasein gegenüber?
- Kommen mir Menschen in den Sinn, für deren Dasein ich dankbar bin?
- Erinnere ich mich an eine bestimmte Musik, die Freude in mir auslöst?
- Gibt es Menschen in der Literatur, in der Malerei oder Architektur, die mich inspirieren und denen ich dankbar bin, obwohl ich sie gar nicht kenne?

Dankbarkeit zu empfinden, ist eng an die Wahrnehmung gebunden. Die Dankbarkeit wird ganz konkret, wenn uns Begegnungen mit Menschen einfallen, denen wir gerne zugehört haben, von denen wir lernen konnten und die uns ernst genommen haben. Diese freudigen Erlebnisse sind eng mit der Dankbarkeit verbunden. Freude und Dankbarkeit überraschen uns – manchmal überfallen sie uns auch – gleichzeitig. Aus dieser erlebten Erfahrung entspringt die Sehnsucht der lebendigen Dankbarkeit. Und die hat viele Namen: Zivilcourage, Mut zur Lebendigkeit und heitere Gelassenheit. Die Sehnsucht, andere an dieser Fülle teilnehmen zu lassen, ist groß. Die Gedanken von Dietrich Bonhoeffer drücken Freude und Dankbarkeit in einer intensiven Form aus:

Nun muss ich Euch aber erst einmal sehr danken für alles, was Ihr mitgebracht habt. Das könnt Ihr Euch nicht vorstellen, was es bedeutet, wenn einem plötzlich gesagt wird: »Ihre Mutter, Ihre Schwester, Ihr Bruder waren eben da und haben etwas für Sie abgegeben.« Einfach die Tatsache der Nähe, das handgreifliche Zeichen dafür, dass Ihr immer an mich und für mich denkt – was ich ja eigentlich sowieso weiß – das ist etwas so Beglückendes, dass es durch den ganzen Tag hindurch trägt.

DIETRICH BONHOEFFER

Das Beglückende, das uns durch den Tag und das Leben trägt, sind Begegnungen mit dem Lebendigen. Da wir mit zu viel Funktionellem konfrontiert werden, brauchen wir die handgreiflichen Zeichen der Liebe. Wir brauchen Zeichen, um begreifen zu können, dass jemand an uns denkt. Die dankbare Freude über das Leben eines anderen Menschen gehört zu den schönsten Erlebnissen und sucht eine Ausdrucksmöglichkeit. Darüber, dass andere spüren, wie wir uns über ihr Dasein freuen, dürfen wir »kein Unkraut wachsen lassen«. Der Ausdruck freudiger Dankbarkeit hat nichts mit dem Wunsch zu tun, gesehen zu werden. Worauf Dankbarkeit gut verzichten kann, ist öffentliche Beweihräucherung und salbungsvolle Reden.
Nirgendwo fand ich die Bedeutung des Schenkens berührender geschildert als bei Drewermann: »Man macht einander Geschenke. Und das soll doch eigentlich heißen: Ich empfinde dich, meine Frau, meinen Mann, dich, mein Kind, als etwas so Wunderbares, ein Geschenk für mich, dass ich davon ein bisschen dir zurückgebe. Du bist mein Glück und deine Gegenwart ist etwas unverdientermaßen Wunderbares.«

So stiftet Schenken als Ausdruck von Dankbarkeit Beziehung und Sinn. Eine Sinnmöglichkeit, die wir in der Realität verwirklichen können. Wenn der Wert der Kostbarkeitscharakter der Dinge ist, gibt es Menschen, die uns als Kostbarkeit in unserem Dasein begegnen. Freuen wir uns über diese Augenblicke und geben wir den Augenblicken viele Chancen, andauern zu können.

Danke, ich atme selbst!

»Danke, ich atme selbst«, steht in meinem Tagebuch. Ich habe den Gedanken im Jahre 2001, in einer Zeit geschrieben, in der ich auf die Hilfe von anderen Menschen angewiesen war und nicht viel mehr tun konnte, als selbst zu atmen. In dieser Zeit träumte ich einige Male folgenden Traum:

> Es ist Sommer. Ich stehe im Auslauf einer Skisprungschanze. Es ist eine grüne Wiese und ich blicke gebannt auf die Sprungschanze. Auf der Sprungschanze ist nicht Sommer. Sie gleicht mehr einem Eiskanal – ähnlich einer Bobbahn. Auf der Sprungschanze ist kein Schnee, es ist Eis, Gletschereis. Jahrelang gefrorenes Eis mit tiefen Furchen. Mein Staunen gilt einem Skispringer, der sich unendlich bemüht, diesen Eiskanal zu bewältigen. Als er endlich neben mir landet, frage ich ihn völlig fassungslos: »Wie haben Sie das geschafft, da herunterzufahren?« Leise lächelnd sagt er: »Wenn man drinnen ist – geht es irgendwie!«

Sooft ich nach diesem Traum erwachte, spürte ich eine tiefe Dankbarkeit und die Hoffnung, dass alles gut wird, egal was geschieht. Dieses Gespür entsprach keineswegs den Tatsachen. Ich war aufgrund einer Wirbelsäulenoperation fast ein Jahr lang krank und anschließend arbeitslos. Heute stehe ich symbolisch mitten im Leben auf dieser Wiese, von der ich damals geträumt habe.

Früher hat mich der Wunsch dirigiert, anderen zu gefallen, und regiert hat die Sehnsucht, bei einem anderen Menschen Geborgenheit zu finden. Konkret habe ich versucht, durch Leistung gesehen zu werden, um Anerkennung zu bekommen. Ich habe meine Sehnsucht nach menschlicher Wärme über messbare Tatsachen verkaufen wollen. Die Sehnsucht nach Geborgenheit liegt in der Tiefe der geistigen Dimension und kann niemals erarbeitet, gefordert oder gar in Rechnung gestellt werden. Ich lebte diesen Etikettenschwindel lange Jahre und sehnte mich danach, dass jemand diesen Schwindel aufdeckt und mich sieht. Mit der Lehre von Viktor E. Frankl und seiner Logotherapie ist es mir gelungen, selbst den Schwindel aufzudecken. Ich hatte mir meine Welt gut abgesichert und fuhr auf einem fast unbefahrbaren Eiskanal dahin – bis ich im Traum auf einer grünen Wiese landete.
Ich wollte das Eis, mit dem ich mich geschützt hatte, zum Schmelzen bringen. Mittlerweile spüre ich, dass meine Lebensfreude und meine Dankbarkeit steigen, wenn ich zuerst einmal mir zumute, wie ich bin. Manchmal spontan und offen, wenn ich mich mitteilen will. Manchmal unglaublich kreativ, wenn ich mich freue und diese Freude mit anderen leben möchte. Manchmal ungeschützt und verletzbar und gar nicht verständnisvoll, sondern kritisch. Mittlerweile kann ich besser Hilfe annehmen, doch nur dort, wo ich sein darf und sagen kann: »Danke, ich atme selbst.« Es ist, als ob das Leben sich bei mir mit dem Gefühl der Unbeschwertheit bedankt. Gerade diese Unbeschwertheit im Zurückschauen verbietet dem Wissen, in der Erinnerung der schweren Stunden zu kramen. Und das ist keine oberflächliche Heiterkeit mit Vergangenheitsverklärung, sondern das Bejahen der Wirklichkeit. Das Trotzdem!

Ich habe mich selten in meinem Leben so authentisch gefühlt und in mir breitet sich immer öfter eine Gelassenheit aus, die ich nicht tauschen möchte.
Beim Blättern in meinem Tagebuch staune ich, wie oft ich das Wort »Wärme« geschrieben habe:
Ich begann heute wieder Viktor E. Frankl zu lesen und es ist, als ob sein Text meinen Geist, meine Seele wieder atmen lässt. Es ist unglaublich, wie mich seine Gedanken wärmen. Wenn ich Frankl lese, höre ich fast immer seine Stimme, die ich von den Video- und Audiokassetten her kenne, Schätze, die ich für mich selbst angelegt habe.
Meine Seele ist nicht von den Nadeln verletzt, nicht von den Stichen, die unter die Haut und tiefer gehen. Die Seele schreit, weil man ihr nicht glaubt. In diesem Nicht-ernstgenommen-Werden ist es schwierig, mir selbst treu zu bleiben. Fast wie die Besteigung des Mount Everest. Trotz Sicherungsseilen wie Musik und Literatur reißt eine Eislawine in Form von schlaflosen Nächten mühsam erkämpftes Terrain mit sich. Eine Spur von Menschlichkeit ist wie ein sicherer Haken in der Eiswüste, an dem ich mein Seil einhängen kann.
Ich befinde mich auf einer Expedition, die nicht geplant war. Der Abstieg ist unmöglich und beim Aufstieg tobt der Eiswind. Mir ist klar, ein Verharren führt in die Erstarrung. Die Frage ist, soll ich im Biwak auf besseres Wetter warten? Oder ist an dieser Stelle des Aufstiegs immer schlechtes Wetter und oben ist es hell?
Wärme und Kälte stecken in einigen Erlebnissen der letzten Jahre. Es tut mir gut, einen Blick auf das zu werfen, was mich wärmt, dann kann ich auf das schauen, was mich frieren ließ.
Zu einer der größten Künste im Leben gehört es wohl, et-

was lassen zu können, was einem am Herzen liegt. Für das Schwimmen beispielsweise habe ich mich schon als Kind begeistert. Seit meiner Operation ist das Schwimmen zur Leidenschaft geworden und jetzt genieße ich drei Wochen Kuraufenthalt mit wunderbarem Schwimmbad. Am intensivsten spüre ich meine Lebendigkeit beim Schwimmen. Ich halte mich, aufgrund der ärztlichen Empfehlung, an die Zeitbegrenzung von dreißig Minuten. Die letzten fünf Minuten tauche ich noch intensiver in die Freude über die Bewegungsmöglichkeit im Wasser ein. Ich komme mir vor wie ein junger Hund, der vor lauter Freude nicht zu bändigen ist. Nach zehn Tagen nehme ich eine Veränderung wahr, die mich erstaunt und die ich ganz und gar nicht verstehe. Die große Uhr im Schwimmbad, die mir wohlwollend das Ende meiner Schwimmzeit anzeigte, hat sich in ein forderndes Etwas verwandelt. Ganz plötzlich habe ich die Freude am Schwimmen verloren und kenne mich nicht mehr aus. Obwohl ich nicht mehr schwimmen mag, schwimme ich weiter. Nein, eigentlich quäle ich mich Länge für Länge durch das Wasser. Mitten im Schwimmen fällt mir der Traum von der Sprungschanze ein, ich wundere mich und schwimme weiter. Nach zwanzig Minuten – der Zeiger der Uhr war im Schneckentempo weitergewandert – beende ich die Quälerei. Ich lege mich in einen Liegestuhl und schlafe ein. Nach einer Stunde wache ich mit heftigen Schmerzen auf. Ich akzeptiere, dass das Zusammenspiel von Schwimmen und Rückenschule, von Physiotherapie und Unterwassergymnastik zu viel war. Ich ärgere mich und spüre ein Unbehagen, das sich nicht besänftigen lässt. Trotzdem gehe ich zur Rückenschule, das Unbehagen wird bei jeder Bewegung stärker. Der Physiotherapeut verordnet mir Ruhe und verhindert, dass ich mich weiterquäle. Als ich

im Bett liege, fällt mir etwas ein, das ich vor kurzem gelesen habe: In die größte Einsamkeit wirft der Schmerz einen Menschen, denn mit einem anderen die Lust zu teilen ist leicht, den Schmerz zu teilen aber unmöglich.
Am nächsten Tag rede ich mir ein, dass Bewegung noch niemandem geschadet hat, und gehe wieder schwimmen. Mir kommt es so vor, als ob die Uhr im Schwimmband hämisch grinst, und diesmal verlasse ich nach zehn Minuten das Wasser. Endlich vertraue ich meinem Gespür und höre damit auf, mich zu verdächtigen, ich sei nur zu faul, um mich zu bewegen.
Was mich bei dieser Erfahrung mit der Schwimmbaduhr schaudern ließ, war mein starres Festhalten an der Überzeugung, dass Bewegung immer gut tut. Hätte ich die spürbare Veränderung ernst genommen, hätte ich meinem Gespür vertraut und dem Hinweis auf den Traum, hätte ich mir einiges an Schmerzen erspart.
Ein Jahr später erteilte mir mein Körper noch einmal eine Lehrstunde. Ich wollte für meine körperliche Fitness etwas tun und versuchte neben dem Schwimmen längere Waldspaziergänge. Die Versuche endeten mit körperlichen Schmerzen und in seelischer Verzweiflung. Hinweise, dass ich zu viel will und zu schnell sei, fand ich ausgesprochen absurd. Jemand schenkte mir *Das Hermann Maier Trainingsprogramm*. Da ich leidenschaftlich gerne Ski gefahren bin und Bewegung für mich Lebenselexier ist, las ich das Buch. Da stand es schwarz auf weiß, dass ich zu schnell zu viel wollte. Ich erkannte, dass ich meine Grundlagenausdauer nicht aufbaue, indem ich mit rotem Kopf und hoher Pulsfrequenz durch die Gegend rase.
Schnell langsam werden geht nicht. Es ist, als ob das Leben meine äußere Uhr auf halbe Geschwindigkeit gestellt hat.

Nur meine innere Uhr erinnert sich an meine alten Gewohnheiten. Mein Gehirn lernt nicht so schnell um, wie ich das möchte. Seit drei Jahren lebe ich ohne Armbanduhr und verlasse mich auf mein Gefühl. Jedes Instrument, das die Zeit misst, hielt ich für überflüssig, denn ich wollte nicht gejagt werden. Auf die Idee, dass ich mich selbst jage, kam ich nicht. Immer wieder gehe ich zu schnell und will zu viel. Also kann ich mich auf mein Gefühl doch nicht verlassen? Vielleicht sollte ich unterscheiden zwischen meinem überzogenen Anspruch und dem, was realistisch möglich ist. Wie viel Schnelligkeit ich von mir und meinem Körper gefordert habe, stimmt mich nachdenklich.
Ich, die ich so gegen Planung bin und auf das Gefühl vertraue, brauche jetzt planbare Trainingseinheiten und einen Pulsmesser, der meine Euphorie und vor allem die Ernüchterung in Grenzen hält. Mir macht es unglaublich viel Freude, dass ich eine Möglichkeit gefunden habe, mich auch außerhalb des Wassers zu bewegen. Ich begrenze meine Ausflüge auf zwanzig Minuten. Beim Gehen warnt mich mein Pulsmesser, dass ich mich körperlich zu sehr anstrenge. Ich komme aus dem Staunen nicht heraus. Anstatt mich zu quälen, freue ich mich über die neuen Bewegungsmöglichkeiten. Langsam, eigentlich sehr langsam, lernt mein anspruchsvolles Gefühl, dass weniger mehr ist. Die Vorstellung, dass ich mich quälen muss, wenn ich fit sein will, war so in meinem Kopf, dass ich mir lange Zeit dumm vorkam, langsam wie eine Schnecke zu gehen.
Besonders durch die Erkenntnis des Traums, dass alles gut wird, egal was geschieht, und dem Erlebnis mit der Schwimmbaduhr und dem Pulsmesser, der mir gezeigt hat, dass weniger mehr ist, habe ich gelernt, mir selbst und dem

Leben Freund zu sein. Ich fühle mich im Leben geborgen und wenn die Sehnsucht nach Geborgenheit wieder einmal groß ist, ahne ich, dass diese Sehnsucht viele Menschen kennen. Reinhard Mey kennt diese Sehnsucht ganz bestimmt, sonst würde er sie nicht in einem Lied besingen:

Viertel vor Sieben[15]

Dunkle Regenwolken sind aufgezogen,
Die Dämmerung fällt auf einmal ganz schnell.
Überm Stahlwerk flackert blau der Neonbogen,
Die Fenster im Ort werden hell.
»Wo hast du dich nur wieder rumgetrieben,
Zieh die klatschnassen Schuh' erstmal aus!«
Manchmal wünscht' ich, es wär' noch mal viertel vor sieben
Und ich wünschte, ich käme nach Haus!
Und es soll Sonnabend sein und es soll Topfkuchen geben
Und der soll schon auf dem Küchentisch stehn
Und eine Kanne Kakao und meine Tasse daneben
Und ich darf die braune Backform umdrehn.
Schokoladenflocken mit der Raspel gerieben
In der Schaumkrone meines Kakaos.
Manchmal wünscht' ich, es wär' noch mal viertel vor sieben
Und ich wünschte, ich käme nach Haus!

Ein Brief zwischen Zeitung und Werbung im Kasten
Erschüttert dein Fundament:
Anna und Hans, die so gut zusammenpaßten,
Haben sich einfach getrennt.
Wie hast du sie beneidet, zwei, die sich so lieben!
Und plötzlich ist doch alles aus.
Manchmal wünscht' ich, es wär' noch mal viertel vor sieben

Und ich wünschte, ich käme nach Haus!
Und Vater soll im Wohnzimmer Radio hör´n
In den steinalten Grundig versenkt.
Und die Haltung sagt mir: Bloß jetzt nicht stören!
Und wenn er den Blick auf mich lenkt,
Mit der vorwurfsvoll'n Geste die Brille hochschieben,
»Menschenskind, wie siehst du wieder aus!«
Manchmal wünscht' ich, es wär' noch mal viertel vor sieben
Und ich wünschte, ich käme nach Haus!
Das Fell wird dünner und leerer der Becher,
Der Zaubertrank wirkt nur noch schwer.
Der Kummer ist tiefer, der Trost scheint schwächer,
Und es heilt nicht alles mehr.
Wo ist meine Sorglosigkeit geblieben,
Was machte Erkenntnis daraus?
Manchmal wünscht' ich, es wär' noch mal viertel vor sieben
Und ich wünschte, ich käme nach Haus!
Nur einen Augenblick noch mal das Bündel ablegen
Und mit arglosem Übermut,
Durch dunkle Wege, der Zuflucht entgegen
Und glauben können: Alles wird gut!
Manchmal wünscht' ich, die Dinge wär'n so einfach geblieben
Und die Wege gingen nur gradeaus,
Manchmal wünscht' ich, es wär' noch mal viertel vor sieben
Und ich wünschte, ich käme nach Haus!

Ich habe die Melodie und den Text dieses Liedes ganz besonders gern. Wenn es selbst diesem Lied nicht gelingt, meine heitere Gelassenheit anzuregen, dann sage ich mir: Liebes Leben, danke, ich atme selbst.

Anhang

Literatur

Aeppli, Ernst, *Der Traum und seine Deutung*, Erlenbach-Zürich 1973.

Aurel, Marc, *Selbstbetrachtungen*, Frankfurt a. M. 2003.

Bergmüller, Heinrich, *Das Hermann-Meier-Trainingsprogramm*, München 2004.

Bonhoeffer, Dietrich, *Widerstand und Ergebung*, München o.J.

Goethe, Johann Wolfgang, *Faust. Der Tragödie erster und zweiter Teil. Urfaust*, München ^{15}1998.

de Mello, Anthony, *Der Dieb im Wahrheitsladen*, Freiburg i, Br. 1997.

de Mello, Anthony, *Eine Minute Unsinn*, Freiburg i. Br. ^{2}2006.

de Mello, Anthony, *Eine Minute Weisheit*, Freiburg i. Br. 2005.

Dönhoff, Marion von, *Was mir wichtig war*, München 2003.

Drewermann, Eugen, *Zeiten der Liebe*, Freiburg i. Br. 1992.

Erhardt, Heinz, *Das große Heinz Erhardt Buch*, München 1996.

Exupéry, Antoine de, *Lichtgrüße von der unendlichen Nacht*, München 2006.

Frankl, Eleonore, *Begegnungen in der Mariannengasse*, Innsbruck-Wien 2005.

Frankl, Viktor E., *Ärztliche Seelsorge*, Wien 2005.

ders., *Der Mensch vor der Frage nach dem Sinn*, München 2004.

ders., Kreuzer Franz, *Im Anfang war der Sinn*, München 1997.

ders., *... trotzdem Ja zum Leben sagen*, München 1977.

ders., *... trotzdem Ja zum Leben sagen Und ausgewählte Briefe (1945–1949)*. Hg. v. Alexander Batthyany, Karlheinz Biller u. Eugenio Fizotti, Wien/Köln/Weimar 2005.

Frankl, Viktor E./Lapide, Pinchas, *Gottsuche und Sinnfrage,* Gütersloh 2005.

Fried, Erich aus: Brigitte Hellmann, *Der kleine Taschenphilosoph,* München 2004.

Havel, Václav, *Moral in Zeiten der Globalisierung*, Reinbek bei Hamburg 1998.

Geißler, Karlheinz A., *Zeit verweile doch ... Lebensformen gegen die Hast*, Freiburg i. Br. 2000.

Ginott, Haim G., *Teacher and Child* (Takt und Taktik im Klassenzimmer), Freiburg i.Br. 1985, leider vergriffen.

Hesse, Hermann, *Die Antwort bist du selbst*, Frankurt am Main, Leipzig 2000.

Hillesum, Etty, *Das denkende Herz*, Reinbek bei Hamburg 1985.

Hüther, Gerald, *Bedienungsanleitung für ein menschliches Gehirn,* Göttingen 2003.

Hüther, Gerald, *Biologie der Angst*, Göttingen 1997.

Hüther, Gerald, *Wohin, weshalb, wofür?* Vortrag im Juni 2005, download unter: http://www.existenzanalyse.co.at

Kästner, Erich, *Lyrische Hausapotheke*, München 2005.

Kafka, Franz, *Brief an Oskar Pollak (27. Jänner 1904)* in: Franz Kafka, Briefe, Bd. 1, Frankfurt a.M. 1999.

Klingberg jr., Haddon, *Das Leben wartet auf Dich*, Wien-Frankfurt/Main 2002.

Köhler, Peter, *Das Anekdotenbuch*, Ditzingen 2001.

Mey, Reinhard, *Alle meine Lieder*, Maikäfer Musikverlag, Lehrte 1996.

Mey, Reinhard, mit Bernd Schröder, *Was ich noch zu sagen hätte*, Köln 2005.

Mertl, Monika, *Nikolaus Harnoncourt*, St. Pölten/Salzburg 2004.

Pluhar, Erika, *Der Fisch lernt fliegen*, Hamburg 2000.

Pluhar, Erika, *Trotzdem*, in: Zwischen die Horizonte geschrieben, Carl Ueberreuter Wien 1991.

Reddemann, Luise, *Eine Reise von 1000 Meilen beginnt mit dem ersten Schritt*, Freiburg i. Br. 2004.

Reddemann, Luise, *Überlebenskunst. Von Johann Sebastian Bach lernen und Selbstheilungskräfte entwickeln,* unter Mitarbeit von

Peer Abilgaard. Mit CD (Klett-Cotta Leben!) Klett-Cotta, Stuttgart 2006.
Roth, Eugen, *Eugen Roth für Lebenskünstler*, München/Wien 1995.
Schaffer, Ulrich, *Grundrechte – Ein Manifest*, Stuttgart 1988.
Schweitzer, Albert, *Ehrfurcht vor dem Leben*, Neukirchen-Vluyn 2005.
Schmid, Wilhelm, *Schönes Leben?* Frankfurt a. M. 2005.
Sölle, Dorothee, *Gegenwind*, Hamburg 1995.
Sölle, Dorothee, *Mystik und Widerstand*, Hamburg 1997.
Titze, Michael/Patsch Inge, *Die Humorstrategie*, München 2004.
Thümer Rohr, Christina, *Vagabundinnen*, Frankfurt a. M. 2001.
Ustinov, Peter, *Achtung Vorurteile*, Hamburg 2003.
Wecker, Konstantin, *Die weiße Rose*, FANFARE MUSIK-VERLAG München.
Werner, Oskar, *Wahrheit und Vermächtnis*, 3CDs, München 2000.
Willemsen, Roger, *Der Findling. Erinnerungen an Peter Ustinov*, unter http://www. ustinov-foundation.org abzurufen.
Zuckmayer, Carl, in: Werner, Oskar: Wahrheit und Vermächtnis: Büchner, Goethe, Rilke, Schiller, Weinheber, Wiechert, Zuckmayer, Köln (BMG Wort) 2000.

Anmerkungen

1 S. 15: aus *Doktor Erich Kästners lyrische Hausapotheke,* © Atrium Verlag, Zürich, und Thomas Kästner.
2 S. 47: Copyright © 2000 by Hoffmann und Campe Verlag, Hamburg.
3 S. 54, 90, 102: © 2004 Das große Heinz-Erhardt-Buch, Lappan Verlag, Oldenburg.
4 S. 62: de Mello, Anthony, *Eine Minute Unsinn*, Herder Spektrum Bd. 5658, S. 15, 58, 78. Aus dem Engl. v. Robert Johna, © Verlag Herder, Freiburg i. Br. ^{2}2006.

5 S. 85: © Verlag Klaus Wagenbach, Berlin 1974.

6 S. 104: Pluhar, Erika, © by Erika Pluhar. Erstmals erschienen 1992 in: *Zwischen die Horizonte geschrieben*. Lieder, Lyrik, kleine Prosa, Carl Ueberreuter, Wien.

7 S. 122, 123, 174: de Mello, Anthony, *Der Dieb im Wahrheitsladen*, hg. v. Ewald Müller, © Verlag Herder, Freiburg i. Br. ^{3}2000.

8 S. 134: *... trotzdem Ja zum Leben sagen Und ausgewählte Briefe (1945–1949), hg. v. Alexander Batthyany, Karlheinz Biller u. Eugenio Fizotti,* Böhlau Verlag, Wien/Köln/Weimar 2005.

9 S. 144: © by Gütersloher Verlagshaus, Gütersloh, in der Verlagsgruppe Random House GmbH, München

10 S. 145: Schaffer, Ulrich, *Grundrechte – Ein Manifest,* © Kreuz Verlag, Stuttgart 1988, S. 81.

11 S. 147: de Mello, Anthony, *Eine Minute Weisheit*, Herder Spektrum Bd. 5663, S. 15. Aus dem Engl. v. Ursula Schottelius, © Verlag Herder, Freiburg i. Br. 2005.

12 S. 149: Wecker, Konstantin, *Die weiße Rose*, Musik und Text: Konstantin Wecker und Rolf Nagel, © Alle Rechte weltweit EDITION WECKER des FANFARE MUSIKVERLAGS.

13 S. 176: Sölle, Dorothee, *Gegenwind,* © 1995 by Hoffmann und Campe Verlag GmbH, Hamburg.

14 S. 179: Bonhoeffer, Dietrich, *Widerstand und Ergebung,* © by Gütersloher Verlagshaus, Gütersloh, in der Verlagsgruppe Random House GmbH, München.

15 S. 187: aus Taschenbuch *Alle Lieder*, Maikäfer Musik Verlag, Lehrte.